Einzelwirtschaftliche Abhandlungen
Herausgegeben von Friedrich Leitner
Professor der Handelswissenschaft an der Handels-Hochschule zu Berlin
Heft 3

Die Unternehmungsrisiken

Von

Friedrich Leitner

Berlin 1915
Druck und Verlag von Georg Reimer

Vorwort.

Mit dem hier behandelten Gegenstande beschäftige ich mich in meinen Vorlesungen über allgemeine Betriebslehre (Privatwirtschaftslehre kaufmännischer Betriebe) seit 1908; ich skizzierte das Thema in der ersten Auflage meines „Grundrisses der Buchhaltung und Bilanzkunde" (2. Band 1911, S. 143) und in dem „Grundriß der Sozialökonomik" (Tübingen 1914, Abteilung VI: Betriebslehre der kapitalistischen Großindustrie, S. 132 f.).

Das Unternehmungsrisiko der Sozialwirtschaftslehre — dort ein wichtiger Bestandteil der Lehre von der Unternehmung — wird in der vorliegenden Untersuchung unter privatwirtschaftlichen Gesichtspunkten erörtert; es werden die wichtigsten Maßnahmen zur Bekämpfung der einzelnen Risiken besprochen: die Privatwirtschaftslehre kaufmännischer Betriebe ist im wesentlichen eine Lehre von der Organisation und Verwaltung dieser Erwerbswirtschaften.

Berlin C 2, Ostern 1915.

Leitner.

Inhaltsverzeichnis.

I. Abschnitt.

Vom Risiko im allgemeinen.

A. Wir fassen unter dem Sammelbegriff „Unternehmungsrisiken“[1]) alle unmittelbaren und mittelbaren Vermögensbestandsverluste und Vermögensaufwendungen zusammen, die einer Unternehmung infolge unvorhergesehener oder unabwendbarer Ereignisse drohen. Diese Ereignisse sind ungünstige Wirkungen ganz verschiedener, in ihrer Mannigfaltigkeit unübersehbarer Ursachen. Auf jeden Fall greifen solche Ereignisse schädigend in die Privatwirtschaft ein; sie gefährden den Erfolg der Unternehmerarbeit. Ihre ungünstigen Wirkungen äußern sich wiederum verschieden: a) Sie können einen unmittelbaren Vermögensbestandsverlust zur Folge haben, z. B.: Elementarereignisse, Unterschlagungen, Diebstahl; dann Untergang von Waren während des Transportes und des Lagerns (stets Wertverluste, obgleich sie unmittelbar nur als Mengenverluste in Erscheinung treten), vorzeitiges Unbrauchbarwerden von Produktionsmitteln und Einrichtungen, Verluste an Forderungen; vorhandene, aber noch nicht realisierte Kurseinbußen an Wertpapierbeständen, Entwertung von Vermögensbeständen infolge der Konjunktur im allgemeinen.

---

[1]) Unternehmung ist hier Erwerbswirtschaft. Pohle (Der Unternehmerstand, Vorträge der Gehe-Stiftung 3. Bd. 1910) versteht unter Erwerb jede wirtschaftliche Tätigkeit, welche durch Produktion für fremden Bedarf die Gewinnung des eigenen Lebensunterhaltes bezweckt. Die Unternehmung stellt eine Weiterbildung der Erwerbswirtschaft dar, „eine Erwerbswirtschaft zweiter Potenz“, die durch Zusammentreffen des Erwerbsprinzips mit dem Großbetriebe entstanden ist. Wesentlich ist für den Unternehmer in dieser Auffassung, daß er gleichzeitig Arbeitgeber ist; dann Arbeitsteilung und soziale Differenzierung der Arbeitskräfte. Der Unternehmer ist Träger des Risikos (das soll besser heißen der Risiken), organisiert die Unternehmung nach außen und nach innen und leitet sie.

Die Haushaltwirtschaft basiert auf Einnahmen zur Deckung von Ausgaben (Aufwandswirtschaft) und kennt Einnahmeüberschüsse, keine „Gewinne“, Defizite, Konsumtivkredit. Die Erwerbswirtschaft arbeitet mit Erwerbsvermögen, Anlage- und Betriebskredit, mit Gewinn, Verlust, Ertrag, Rentabilität.

b) Vermögensaufwendungen (Verlustausgaben) werden erforderlich infolge Entstehens einer rechtlichen Verpflichtung zum Kapitalersatz (Haftpflicht, Unfälle, Krankheit). c) Mittelbare Vermögensverluste, d. h. entgangener Gewinn. Z. B. wenn ein Metallhändler oder ein Produzent zu festen Preisen auf Termin (Lieferung in späterer Zeit) verkauft und die Preise steigen nach dem Vertragsabschluß, so erfordern Treu und Glauben im Handel und Verkehr die Erfüllung dieser in der Vergangenheit abgeschlossenen Verträge, obgleich der „Profit" an diesem Geschäft im Verhältnis zu den inzwischen gestiegenen Tagespreisen geringer ist. Im deutschen Handelsverkehr ist es noch üblich, die Kaufverträge zu erfüllen, wie sie geschlossen wurden. Die Moral anderer Handelsvölker läßt es zu, Verträge nur insoweit anzuerkennen, als man sie erfüllen will. Die Schwankungen der Konjunktur bewirken häufig eine Verteuerung der Selbstkosten eines Fabrikates und dadurch eine Minderung des Umsatzgewinnes: ein mittelbarer Vermögensbestandsverlust infolge des Konjunkturrisikos. (S. 14.)

In ihrer überwiegenden Mehrheit sind die gefahrdrohenden Ereignisse unvorhergesehen. Es herrscht Ungewißheit, ob sie überhaupt und über den Zeitpunkt, wann sie eintreten werden; doch muß die Möglichkeit vorhanden sein, daß ein solch schädigendes Ereignis das eigene wirtschaftliche Leben beeinflussen könne. Der Eintritt darf nicht vom Willen des dadurch betroffenen Unternehmers abhängig sein; in diesem Sinne ist das Ereignis ein zufälliges [1]).

Außerdem gibt es Ereignisse, die bestimmt eintreten werden, ohne daß der Unternehmer über den Zeitpunkt des Eintrittes genau unterrichtet ist, z. B. Untergang der persönlichen Unternehmerarbeit durch Tod; der Krieg 1914, der für politisch reife Deutsche ein sicher zu erwartendes, historisches Ereignis war.

Die Analyse der Ursachen der Unternehmungsrisiken führt zu einer Systematisierung der Arten dieser Risiken. Dabei wird man sich auf die Hauptgruppen beschränken müssen, andernfalls die Systematisierung ins Uferlose geht. Die Vielgestaltigkeit der Unternehmertätigkeit und der Mittel zur Erzielung des Unternehmungserfolges bedingt eine Mannigfaltigkeit der gefahrdrohenden, d. h. hier verlustdrohenden Ereignisse, deren die Systematik nicht Herr wird [2]. Die Vervollständigung des hier vorliegenden Versuches mögen die sich berufen fühlenden Kritiker übernehmen.

---

[1]) Vgl. Literaturverzeichnis im Anhang.

Zunächst sind die Ursachen der Unternehmungsrisiken und ihrer Bestandteile in einzelwirtschaftlichen und sozialwirtschaftlichen Erscheinungen begründet oder liegen außerhalb der menschlichen Wirtschaft überhaupt.

I. *Die einzelwirtschaftlichen Risiken* sind durch Handlungen, Unterlassungen oder Erscheinungen innerhalb der eigenen Unternehmung hervorgerufen: a) *aktives, inneres Risiko.* Verlustmöglichkeiten für die eigene Unternehmung können ihre Entstehung auf das Verhalten einer fremden, durch die Unternehmertätigkeit mit der eigenen verkehrswirtschaftlich bzw. geschäftlich verbundenen Unternehmung zurückführen: b) *äußeres, passives Risiko.* Nicht nur die eigenen wirtschaftlichen Handlungen, sondern auch fremder gegen uns wirksamer Wille zur Betätigung des Gewinnstrebens birgt Gefahren in sich, die an die Subjekte in der Unternehmung (Unternehmer, Angestellte, Schuldner: c) *subjektives Risiko*) und an die Objekte des wirtschaftlichen Handeln (d) *objektives Risiko*: Produktionsmittel, Betriebsmittel, Einrichtungen) gebunden sind. Eine subjektive Gefahr liegt beispielsweise in der Verschwendungssucht des Unternehmers, in dessen geschäftlicher Unfähigkeit, in der privaten Spekulation des Direktors einer Aktiengesellschaft auf Kosten der Unternehmung, in der Böswilligkeit und Ungeschicklichkeit, in der Fahrlässigkeit von Angestellten, in dem Verhalten böswilliger Schuldner (Kreditrisiko), chikanöser Abnehmer, unzuverlässiger Lieferanten (Risiko nicht rechtzeitiger Lieferung, Qualitäts- und Quantitätsrisiko).

Zu den objektiven einzelwirtschaftlichen Gefahren sind beispielsweise zu rechnen: das vorzeitige Unbrauchbarwerden und die Wertminderung von Produktionsmitteln und Einrichtungen; die Mengenverluste an Handelswaren und Rohstoffen während des Lagerns; die Haftpflicht infolge produktions- oder betriebstechnischer Unfälle; das durch die Produktionstechnik bedingte Qualitätsrisiko für die eigenen Erzeugnisse; dann die Gefahren, die sich an den Besitz, die Verwaltung und Verwendung anorganischen Kapitals im allgemeinen knüpfen.

II. *Die sozialwirtschaftlichen Risiken* sind vom Wollen oder Nichtwollen der eigenen oder einer fremden Unternehmung unabhängig. Sie wirken auf die Einzelunternehmung als einem Glied der Gesamtwirtschaft und sind Ausstrahlungen gemeinwirtschaftlicher Erscheinungen.

Die Gefahren aus der wechselnden Lage des Marktes, Nachteile infolge Veränderungen der *Konjunktur*, „d. i. die Gesamtheit der vom Wirtschaftsleiter unabhängigen Verhältnisse, welche auf Produktion, den Absatz und den Verbrauch der Produkte Einfluß gewinnen können“[3], also die Gefahr der Absatzstockungen, der Preisrückgänge für Verkaufswaren, der Preissteigerungen für Roh- und Hilfsstoffe, Kursverluste auf Wertpapierbestände. Die einzel-, volks- und weltwirtschaftlichen Wirkungen des Kriegsrisikos (1914/15) — Sperrung der Zufuhr und des Absatzes, Verlust des Marktes, Unterbindung des internationalen Zahlungs- und Kreditverkehrs, Einschränken der Produktion, Verkehrsstörungen u. dergl. — werden sich erst nach Wiederaufnahme geregelten Verkehrs feststellen lassen.

Bekannt sind die Gefahren, die in der Handels-, Zoll- und Steuerpolitik eines Landes liegen. Jede Veränderung in diesen gemeinwirtschaftlichen Maßnahmen bewirkt eine Verschiebung der einzelnen Risiken innerhalb der nationalen Erwerbswirtschaft (z. B. im Absatz- und Rentabilitätsrisiko), zum mindesten in den ersten Jahren nach der Neuordnung der öffentlichen Wirtschaft. Sozialwirtschaftliche Risiken sind auch in der Rechtspflege eines Landes begründet (vgl. S. 13).

III. Außerhalb des Machtkreises menschlicher Wirtschaft liegen die Störungen und Schäden infolge von Naturereignissen, die man gewöhnlich als Elementarereignisse zu benennen pflegt. Solche Gefahren entstehen durch Feuer, Blitz, Sturm, Wasser, Hagel, Erdbeben. Elementarrisiken lassen sich verhältnismäßig leicht gegen Entgelt abwälzen, durch Versicherung decken, weil die vieljährigen statistischen Beobachtungen der Massenerscheinungen die Wahrscheinlichkeit und Häufigkeit des Eintritts solcher Ereignisse erkennen lassen und auf Grund von privatwirtschaftlichen Aufzeichnungen der Umfang des etwa eintretenden Vermögensbestandverlustes im Einzelfall feststellbar ist.

Einige der wichtigsten wirtschaftlichen Gefahren sollen besonders erwähnt werden. 1. Die Gefahren der Überkapitalisierung und des Kapitalmangels. 2. Das aktive und das passive Kreditrisiko: a) Das aktive Kreditrisiko umfaßt alle verlustdrohenden Gefahren aus der Kreditgewährung: Einbuße und gänzlicher Verlust der Forderung, einseitige Verlängerung der Kreditfrist durch den Kreditnehmer, dementsprechend Zinsenverluste und Rentabilitätsminderung. Dieses Risiko ist in den einzelnen Erwerbsgruppen naturgemäß verschieden. Die einzelnen Branchen haben, wenn von Warenhäusern und einigen Detailhandelsgeschäften abgesehen wird, einen in sich geschlossenen Kundenkreis mit verschiedener Kauf- und Kreditkraft. Handelsgebräuche, die Vereinheitlichung von Zahlungsbedingungen durch Konventionen, in anderen Branchen wiederum Kreditschutzverbände mit ihren Kreditwarnungs-,

Schuldnerlisten und Auskunftsorganisationen haben eine Veränderung und Besserung der Kreditverhältnisse für einzelne Geschäftszweige herbeigeführt (vgl. II. Abschnitt, B).

b) Der Kapitalmangel und die Inanspruchnahme notwendiger Waren- und Bankkredite schließen das passive Kreditrisiko in sich: Änderung der Kreditbedingungen, beispielsweise Erhöhung der Kosten (Zinsen, Provisionen); Verkürzung der bisher üblichen Kreditfristen durch Unternehmerverbände; die Gefahr der wirtschaftlichen Abhängigkeit vom Kreditgeber, wie sie beispielsweise bei Schuldnerindustrien vorkommt (Beherrschung eines Industriezweiges durch die Banken), aber auch im Verkehr zwischen Lieferanten und weiterverarbeitenden Unternehmungen; die Gefahr vorzeitiger Kündigung der Kredite, des Versagens der Kreditquellen infolge Vermögensverfalls des Kreditgebers (Bankfallimente); Änderung der Geschäftspolitik, z. B. Beschränkung der Kredite zwecks Erhöhung der Liquidität der kreditgebenden Bank, Änderung der Rechtsform der kreditgebenden Unternehmung, Tod des bisherigen Geschäftsinhabers; Versagen des Kapitalmarktes bei der Ausgabe von Obligationen und der Beschaffung von Hypotheken; Mängel der Kreditorganisation für einzelne Erwerbszweige, z. B. Schwierigkeit der Beschaffung zweiter Hypotheken, eine sozialwirtschaftliche Erscheinung. Soweit die Kreditfähigkeit einer Unternehmung, d. i. das Maß ihrer Fähigkeit, fremde Kapitalien an sich zu ziehen, begrenzt und der Bankierkredit infolgedessen nach oben beschränkt ist, hat dieses Risiko die Gefahr der Unterkapitalisierung, des Kapitalmangels und verringerter Produktivität der Unternehmung zur Folge. Letzten Endes besteht für solche Unternehmungen die Gefahr der Überschuldung.

3. Das produktionstechnische Risiko besteht in der Gefahr des Mißlingens der Produktion in technischer Hinsicht, ein einzelwirtschaftliches, objektives oder subjektives Risiko, das durch Kontrollmaßnahmen und Verbesserungen der Produktionstechnik häufig verringert werden kann.

4. Das Qualitätsrisiko — Materialfehler, Verschlechterung während des Transportes, nicht auftragsgetreue Lieferung (z. B. Mangel der Farbe, der Form, des Gewichts, der chemischen Zusammensetzung, des Härtegrades, der Verarbeitungsfähigkeit, der Konstruktion einer Maschine), Nichterfüllung der vertraglichen Leistungsfähigkeit u. ä. — trägt der Verkäufer und ist für die Bestellungsindustrie von größter Bedeutung, aber auch für den Warenhändler und Exporteur nicht bedeutungslos, wo häufig Schikanen des Abnehmers der Absicht entspringen, nachträg-

lich eine Preisminderung zu erzwingen, oder Nichtbeachtung religiöser Anschauungen, Aberglaube u. dergl. recht oft zu Beanstandungen (Reklamationen) führen. Wo für die Handelswaren Qualitätsgrenzen nach oben und nach unten festgesetzt sind — beispielsweise beim handelsrechtlichen Lieferungsgeschäft in Getreide, beim Börsentermingeschäft in Kaffee und Zucker, dann für Papier — die den Käufer verpflichten, innerhalb dieser Grenzen die gelieferte Ware zu übernehmen, mindert sich das Qualitätsrisiko. In derselben Richtung wirken Verkaufsgemeinschaften industrieller Unternehmerverbände, die als zentrale Annahme- und Zahlungsstellen für den ganzen Industriezweig fungieren und die eintreffenden Aufträge auf die einzelnen Mitglieder verteilen. Vielfach wird in Abnehmerkreisen über eine nicht zu beseitigende Qualitätsverschlechterung der syndizierten Produkte geklagt, beispielsweise über die Steigerung der Verluste infolge Bruches der Röhren seit ihrer Syndizierung. Ein völliger Ausschluß des Qualitätsrisikos wird durch Verkauf ohne Qualitätsbestimmung erzielt, „wie die Waren stehen und liegen", ohne Zahl, Maß und Gewicht, z. B. beim Verkauf in Bausch und Bogen, bei Ramschverkäufen von Konkurswaren, bei Ausverkäufen von Saisonwaren und Ladenhütern, bei einer Warenlieferung „tel quel" (die Ware falle wie sie falle). Bei einem Verkauf auf Probe, auf Besicht, nach Ausfall- oder Referenzmuster, im Verkehr mit Detailhändlern oder Konsumenten hat sich der Käufer innerhalb einer vereinbarten oder handelsüblichen Frist zu entscheiden, ob der Kauf auf Grund der zur Probe übergebenen Waren zustande kommt; Qualitätsbeanstandungen nach Abschluß des Kaufvertrages sind ausgeschlossen oder auf bestimmte Qualitätsfehler beschränkt.

Den Mängeln technischer, chemischer und physikalischer Art gleich zu achten sind: bestimmte Quantitätsmängel, z. B. unrichtige Dimensionen und Gewichte, Fehler in der Verpackung (z. B. Fehlen der Überseepackung, der Tropenpackung), Mängel für Dichtung der Packung, zu schwere Tara u. ä.

Geheime, nicht sofort erkennbare Mängel, die nach Ablieferung der Ware nicht entdeckt worden sind, oder welche bei sachgemäßer Prüfung nach Ablieferung nicht erkennbar waren, endlich verborgene Mängel verpackter Waren, wo die Verpackung ohne Minderung des Wertes der Waren nicht entfernt werden kann (Konserven, Sekt), werden gelegentlich zu einer Treu und Glauben verletzenden, stillschweigenden Abwälzung der Verluste auf die Gegenpartei benutzt.

5. Jeder Vertrag kann wegen vertragswidrigen Verhaltens der eigenen oder einer fremden Unternehmung zu empfindlichen Ver-

lusten führen: Die Nichteinhaltung der Lieferfrist (Lieferungs- und Bedarfsdeckungsrisiko), Abweichungen vom bedungenen Preis, von der vereinbarten Qualität und das Kreditrisiko sind die gewöhnlichen Gefahren vertraglicher Vereinbarungen unter Kaufleuten. Andere Beispiele: Versendung von Waren mit einem teureren Transportmittel (Eisenbahn anstatt Wasserweg); Unterlassung der Reklame trotz Zusage des Lieferanten; Nichterreichung eines zugesicherten Mindestumsatzes; Verkauf an Mitbewerber trotz Zusicherung des Alleinverkaufes u. a. m.

6. Das Preisrisiko liegt zum Teil in sozialwirtschaftlichen Verhältnissen begründet — Schwankungen der Marktpreise —, zum Teil in vertrags- und pflichtwidrigem Verhalten des Gegenkontrahenten, der Mittelspersonen im Handelsgewerbe, dann im Wettbewerb, z. B. Preisschleudereien der Konkurrenten; endlich in der eigenen Wirtschaft: geringe Produktivität der Anlagen, zu große Selbstkosten gegenüber den Mitbewerbern infolge technischer Unvollkommenheiten des eigenen Betriebes und der produktionstechnischen Überlegenheit des Mitbewerbers. Eine ausführlichere Aufzählung anderer Risiken, die mit der Produktion, dem Absatz, dem Besitz und mit der Verwaltung von Vermögensbeständen, mit der inneren und äußeren Organisation einer Unternehmung verbunden sind, erübrigt sich, da eine Vollständigkeit doch nicht erzielt werden kann.

7. Nicht gering zu achten sind die Gefahren, die der Unternehmung auf Grund gesetzlicher Bestimmungen und ihren Folgen drohen. Ignorantia legis nocet. In der Unkenntnis des Gesetzes, insbesondere des allgemeinen Privatrechts liegt eine große Gefahr für die Unternehmung, insbesondere, wenn der Gegenkontrahent diese Gesetzesunkenntnis zu seinen Gunsten ausnutzt. Gegen chikanöse Bestimmungen in einem Rechtsgeschäft schützt § 226 BGB. nur unvollkommen. Der Schadensabsicht, der Böswilligkeit und dem Mißbrauch, den exorbitanten Anforderungen und der unbilligen Berücksichtigung von Kleinigkeiten treten einzelne bürgerlich-rechtliche Bestimmungen entgegen (siehe Literaturverzeichnis 44).

Einige Beispiele mögen die Gefahren, die in der Gesetzgebung eines Landes liegen, spezifizieren: Die Gefahr nicht ausreichenden Schadenersatzes, wo der Gesetzgeber einen solchen bewilligt; Versagen des Rechtsschutzes [1]), Lücken im Gesetz, Fußangeln in Verträgen und Geschäfts-

[1]) Auf ein besonders lehrreiches Beispiel sei hingewiesen: Die Rechtsprechung des Reichsgerichts hat den Eigentumsvorbehalt an Maschinen, die zum Betriebe von

bedingungen; Gefahr der Anfechtung wegen Irrtums oder beschränkter Geschäftsfähigkeit; die Gefahr der Beweislast (z. B. nach § 363 BGB.); Mängel durch Nichtbeachtung der gesetzlich erforderlichen Form (Schriftlichkeit, Beglaubigung, Unterschrift, gerichtliche Beurkundung); Gefahr unrichtiger Übermittlung einer Willenserklärung durch die zur Übermittlung verwandte Person oder Anstalt (Abschreiber, Boten, Telephon, Telegraph). Der Gefahr des Verlustes einer Willenserklärung wird durch entsprechende postalische oder gesetzliche Maßnahmen (Einschreiben, Zustellungsurkunde, amtliche Zustellung durch Gerichtsvollzieher, öffentliche Zustellung) vorgebeugt.

B. Finden die Bestandteile des Unternehmerrisikos einen zahlenmäßigen Ausdruck, sind sie meßbar? Wir verstehen unter Risiko die Verlustgefahr, die drohenden Vermögensverluste durch Wertuntergang oder Vermögensaufwand. Bereits eingetretene Vermögensverluste sind der zahlenmäßige Ausdruck der Wirkungen verschiedenartiger Risiken.

a) In den Buchaufzeichnungen der kaufmännischen Unternehmungen erscheinen Vermögensverluste teils unmittelbar, z. B. in der Gewinn- und Verlustrechnung auf der Verlustseite, teils mittelbar in einem verringerten Gewinn. So werden Verkaufsverluste, Kursverluste infolge der Konjunktur gegen Verkaufsgewinne aufgerechnet [1].

Die zahlenmäßig „nach den Grundsätzen ordnungsmäßiger Buchführung" dargestellten Vermögensverluste entsprechen nicht in allen Fällen dem Gesamtverlust. Hier ist an § 252 BGB. zu erinnern: „Der zu ersetzende Schaden umfaßt auch den entgangenen Gewinn", selbstverständlich die erlittene Vermögenseinbuße, also lucrum cessans und damnum emergens. „Als entgangen gilt der Gewinn, welcher nach dem gewöhnlichen Lauf der Dinge oder nach den besonderen Umständen, insbesondere nach den getroffenen Anstalten und Vorkehrungen mit Wahrscheinlichkeit erwartet werden konnte." Entgangener Gewinn ist nicht buchungsfähig. In der kaufmännischen Buchführung hat das, was nicht ist und was hätte sein können, keinen Platz. Die Buchführung, insbesondere die Gewinn- und Verlustrechnung, kann nur mit äußerster Vorsicht und unter Heranziehung weiterer Unterlagen als exaktes Material für Untersuchungen über die Unternehmungsrisiken Verwendung finden.

Fabriken geliefert waren, wiederholt für unwirksam erklärt, weil mit Rücksicht auf die §§ 93 und 94 BGB. die Maschinen nach ihrer Aufstellung in den Fabrikgebäuden als ein wesentlicher Bestandteil derselben zu betrachten seien und deshalb nicht Gegenstand selbständiger Rechte bilden können.

Berücksichtigt man noch die Bilanzierungskünste in der Rechnungslegung der Aktienvereine, die vielfachen Möglichkeiten, erlittene Vermögensverluste zu verheimlichen, zu verschleiern, auf die einzelnen Bilanzjahre zu verteilen, so wird man erkennen, daß eine statistische Untersuchung über das Unternehmungsrisiko auf Grund von Bilanzveröffentlichungen für die Sozialwirtschaftslehre nur relativen Wert haben kann (vgl. III. Abschnitt).

In der ausführenden Arbeit des Unternehmers steckt ein „Arbeitswertrisiko", die Gefahr, daß sie im Unternehmergewinn kein Entgelt findet, wenn die gesamten Vermögensverluste zum Gesamtverlust der Unternehmung führen [5].

b) Das Entgelt für die Risikoüberwälzung, die Versicherungsprämie, bildet einen Bestandteil der Unternehmungskosten (vergl. S. 18c).

c) Bei der Beurteilung des Geldwertes einzelner Risiken wird am zweckmäßigsten von der (Vermögens-) Bilanz ausgegangen. Für die an bestimmten Vermögensbeständen haftenden Risiken stellt der Buchwert der Vermögensbestände nur ausnahmsweise den Höchstbetrag des Vermögensverlustes dar; beispielsweise ist das aktive Kreditrisiko durch den Betrag der Forderung begrenzt. Der Konkurs eines Schuldners bedingt aber auch Verlust der Kundschaft, Minderung des Umsatzes und des Umsatzgewinnes. Insoweit der Konkursverwalter auf der Erfüllung bestehender Lieferungsverträge beharrt, bereits verkaufte, aber noch nicht gelieferte Waren zur Konkursmasse fließen, kann auch das Kreditrisiko größer sein als der Bilanzbetrag der Forderung. Die Kursverluste an Wertpapieren können den Gesamtanschaffungspreis des Bestandes nicht übersteigen. Der Verlust des Wertpapierbestandes durch Diebstahl, Feuer u. dergl. wird bei steigenden Kursen größer sein als die buchmäßigen Anschaffungskosten der vernichteten oder entwendeten Bestände. Bei der Auslosung oder dem Verlust von Prämien- oder Lospapieren geht auch die Gewinnchance verloren, die nicht Gegenstand buchmäßiger Aufzeichnung sein kann. Im allgemeinen ist also zu beachten, daß die Aufwendungen für Wiederanschaffung von Vermögensbestandswerten infolge des Einflusses der Konjunktur größer werden können, als der buchmäßige Anschaffungspreis bzw. Bilanzwert vermuten läßt. Das gleiche trifft zu, wenn die Entschädigungssumme einer kapitalersetzenden Versicherung nicht den ganzen Schaden deckt.

Die Gefahr der Illiquidität [6], d. h. eines Mißverhältnisses zwischen dringlichen Schulden und bereiten Deckungsmitteln, läßt sich auf Grund einer Bilanz nur beurteilen, wenn die Deckungsmittel nach dem Grade ihrer Greifbarkeit, die Schulden nach ihrer Dringlichkeit sichtbar geordnet sind. Überdies müßten die verschiedenartigen Pfandrechte fremder Unternehmungen ersichtlich gemacht sein, z. B. Sicherungsübereignung des Warenlagers, die Verpfändung von Wertpapieren, die Sicherungshypothek. Überhaupt erschwert die Unvollständigkeit der Bilanz [7] die Beurteilung der Vermögensgefahr ihrer Höhe nach. Wir erinnern nur an die Haftpflichtbeträge der Mitglieder einer Genossenschaft, die Nachschußpflicht eines Gesellschafters, die fehlende Einzahlung auf Aktien und Kapitalbeteiligungen aller Art, die Garantieübernahme, deren Anführung in den Bilanzen so häufig fehlt. Das „latente" Risiko der Effektenspekulation müßte durch Anführung der schwebenden Börsentermingeschäfte ersichtlich gemacht sein usw.

Die Verlustgefahr knüpft aber auch an Waren- und Fabrikatsbestände an. Als Krupp in den Jahren vor Ausbruch des Krieges die wundervollen 42 cm-Mörser baute, experimentierte und konstruierte diese Firma auf eigene Gefahr. Die Versuchskosten und Versuchsanlagen mußten, wenn die Militärverwaltung die Abnahme der Geschütze verweigerte, als Verlust abgeschrieben werden: Ein einzelwirtschaftliches Risiko in enormer Höhe, aber im Interesse der Allgemeinheit, das hier, wie in ähnlichen Fällen, eine verhältnismäßig hohe Rentabilität der Unternehmung rechtfertigt. Ähnliche technische und Absatzrisiken bestehen in der Industrie in großer Zahl.

Die Bilanzen sind nach den angeführten Beispielen wenig geeignet, einem Fernerstehenden Einblick in die Höhe des Risikos zu verschaffen. In Ausnahmefällen lassen bestimmte Bilanzposten auf mögliche Verluste schließen, beispielsweise die Höhe der Debitorenabschreibungen, die in den Bilanzen der Banken fast regelmäßig fehlen, dann die Höhe der Rücklagen zur Deckung bestimmter Verluste, wie Debitoren- und Waren-Delkredere, Garantiefonds.

Nach Liefmann (Die Unternehmungsformen, Stuttgart 1912, S. 52) ist das, was man juristisch die Haftung des Unternehmers mit seinem Kapital nennt, ökonomisch das Kapitalrisiko. Dies scheint uns eine glückliche Formulierung zu sein. Die Unternehmungsrisiken äußern ihre Wirkungen in einer Minderung des eigenen Kapitals, die sich bis zu einer Unterbilanz steigern kann, d. h. Verminderung des bei Beginn eines Wirtschaftsjahres vorhanden gewesenen Eigenkapitals durch Jahresreinverlust (= Gesamtheit aller Vermögensverluste eines Jahres nach Aufrechnung der Gewinne). Die Risiken vermindern nach Eintritt die Rentabilität des Eigenkapitals und verzögern damit die Kapitalbildung. Wegen der wirklichen und der geschätzten wahrscheinlichen Verluste, dann wegen der antizipierenden Verlustbuchungen und der verausgabten Risikoprämien, kurz, wegen der Kapitalkonsumtion (und der Kapitalproduktion) einer Unternehmung innerhalb eines Wirtschaftsjahres ist für die Beurteilung des Geldbetrages der Risiken auch die Gewinn- und Verlustrechnung (Ertragsbilanz) trotz ihrer Mängel heranzuziehen.

C. Die Risikoprämie. Die Volkswirtschaftslehre behandelt die Risikoprämie beim Unternehmereinkommen [8]; sie ist dort ein (gedachter) Bestandteil des selbsterworbenen oder des ausbedungenen Kapitalgewinns (Darlehnszins).

a) Folgt man der theoretischen Dreiteilung des Unternehmereinkommens in Unternehmerlohn, Kapitalgewinn und Unternehmergewinn, so rechnet man die Risikoprämie (Vergütung für das Kapitalrisiko, die Gefahr der Kapitalsverluste) am besten dem Unternehmergewinn zu, d. i. das Entgelt für die Leistungen des Unternehmers hinsichtlich der Organisation des Betriebes und der Leitung der Unternehmung. Je größer dies Kapitalrisiko, um so größer soll die Rentabilität der Unternehmung und der einzelnen Erwerbsgeschäfte sein. Privatwirtschaftlich rentabel ist eine Unternehmung nur [8], wenn das Unternehmereinkommen die normale Verzinsung eines in Wertpapieren und dergleichen sicher angelegten Geldkapitals übersteigt, d. i. zurzeit etwa 4½ bis 5 % (arbeitsloses Besitzeinkommen).

b) Die Gefahrenprämie des Darlehnszinses ist ein Teil des ausbedungenen Kapitalgewinns, der zur Deckung für vorkommende Verluste oder Einbußen dienen soll. Insoweit die wirklichen Verluste unter der Summe der Gefahrenprämien bleiben, bildet der überschießende Rest Einkommen. „Das spekulative Streben geht daher darauf hinaus, die Geschäfte so zu führen, daß die Risikoprämie möglichst wirklich Einkommen bleibt und dann eben reelle Zinserhöhung darstellt.“ [10] Die Höhe der Gefahrenprämie wird durch eine Reihe von Bestimmungsgründen individueller, rechtlicher und volkswirtschaftlicher Art beeinflußt, die nicht weiter zu erörtern sind. Wie stark der Zins durch die Risikoprämie in Wirklichkeit beeinflußt wird, beweist die Differenzierung des Zinses für Hypotheken nach deren Rangordnung, die verschiedene Höhe des Skontozuschlages in den einzelnen Zweigen des Warenhandels, des Zinses für Kapitalanlage in Anleihen und Aktien des In- und des Auslandes, des Wechseldiskonts nach Laufzeit und Güte u. a. m. In gewissem Sinne ist jede Risikoprämie auch als eine „Selbstversicherung durch Ansammlung von Ausgleichsfonds" anzusehen, wie sie bei gewissen Gewinnverteilungsgesellschaften üblich ist (vgl. 35).

c) Die privatwirtschaftlichen Risikoprämien bilden, insoweit solche vom Unternehmer in seinem Kalkül in Anrechnung kommen oder tätlich bezahlt werden, stets einen Bestandteil der Unternehmungskosten und damit der Selbstkosten bzw. des Verkaufspreises, also letzten Endes einen Bestandteil des Rohgewinnes. Die angerechneten Gesamtprämien finden Gegenposten entweder in den Ausgaben für die Überwälzung einer Verlustgefahr oder in den Vermögensverlusten infolge wirklich eingetretener Verluste, z. B. Kreditverluste, oder sind Gewinn (siehe b). Risikoprämien werden in der Kalkulation — gleichgültig, ob es sich um einen Gründungsplan oder eine Rentabilitätsberechnung, um eine Vor- oder Nachkalkulation, um Einkaufs- oder Verkaufskostenberechnung handelt — durch Zuschläge verschiedener Art und verschiedener Benennung berücksichtigt: z. B. Anrechnung eines höheren Verkaufspreises (Warenpreis, Effektenkurs) für zahlungsunsichere Kunden; Einrechnung eines Zuschlages für Bruchgefahr (Glas- und Porzellanwaren), abgestuft nach dem Grade der Zerbrechlichkeit und der Transportdauer; Zuschlag eines mitunter geographisch differenzierten [1]) Skontos für Kreditverkäufe, Zuschlag für Verluste an Außenständen [2]). Um Vermögensverluste infolge zu niedriger Selbstkostenberechnung, die mit wirtschaftlich absoluter Genauigkeit zumeist überhaupt nicht durchführbar ist, zu beschränken, berechnet man gelegentlich reichlich bemessene Kostenzuschläge, z. B. für Materialverluste und allgemeine Fabrikunkosten [11].

Die Risikoprämien sind für die Einzelunternehmungen derselben Erwerbsgruppe und für die einzelnen Risiken durchaus verschieden groß. Sie differenzieren sich überdies für die einzelnen Landesgebiete und sind auch für die einzelnen Länder der Weltwirtschaft — sorgfältige Kalkulation vorausgesetzt — in verschiedener Höhe in Ansatz zu bringen. Die

---

[1]) Die einzelnen Landesteile des Deutschen Reiches sind, kreditwirtschaftlich betrachtet, durchaus nicht gleichartig. Es gibt notorisch schlechte Kreditgegenden, in denen Zahlungsunwillen und Zahlungsunfähigkeit, schleppende Zahlungsweise, Überspannung des Kredits geradezu epidemisch sind.

[2]) Die Einrechnung der Verluste an Forderungen erhöht die Selbstkosten, die für die Einzelunternehmungen naturgemäß verschieden hoch sein müssen, je nach der Zahlungssicherheit der Kunden.

Präventivmaßnahmen der Unternehmer, die gesetzlichen und verwaltungspolizeilichen Maßregeln (z. B. Unfallverhütungsvorschriften, polizeiliche Vorschriften, Wirksamkeit des gesetzlichen Kreditschutzes) wirken auf eine Ermäßigung der privatwirtschaftlichen Gefahrenprämien.

D. Träger des Gesamtrisikos ist zunächst das Unternehmerkapital, das sind die eigenen Mittel der Unternehmung, sekundär das Unternehmungskapital, d. i. die Gesamtheit aller einer Unternehmung zum Erwerbszweck zur Verfügung stehenden Kapitalien: Das arbeitende, werbende Gesamtkapital, die eigenen und die fremden Mittel [12]. a) Das Unternehmungsrisiko in seiner Gesamtheit ist nicht überwälzbar. Es bildet einen wesentlichen Bestandteil eines jeden „Unternehmens". Während der Inhaber einer Einzelunternehmung das ganze Unternehmungsrisiko bis zur Höhe seines Kapitals allein trägt, wird bei Kollektivunternehmungen eine Verteilung auf die Gesamtheit der Unternehmer wirksam, eine Verteilung auf jene Personen, die als Kapitalbesitzer rechtlich die Verlustgefahr zu tragen haben.

Das Beteiligungsrisiko der gesellschaftlichen Unternehmungsformen ist für die einzelnen Gesellschafter graduell verschieden nach der Art, wie die Gesellschafter zur Tilgung der Gesellschaftsschulden herangezogen werden können. Ohne tiefer auf Einzelheiten einzugehen [13], sei kurz erwähnt: Die Gesellschafter können vom Gesellschaftsgläubiger unmittelbar belangt werden (Gesellschaften mit Haftpflicht), oder haben im Falle des Konkurses Beiträge zur Bezahlung der Schulden an die Unternehmung zu leisten (Deckungspflicht). Sie haften (sind deckungspflichtig) solidarisch (einer für alle, alle für einen), d. h. als Gesamtschuldner und ungeteilt oder geteilt. Sie haften unbeschränkt oder nur bis zur Höhe einer bestimmten Einlage oder Haftsumme (beschränkt). Die Gesellschafter können gleichmäßig oder verschieden behandelt werden (beispielsweise ist bei der Kommanditgesellschaft der Komplementär unbeschränkt, der Kommanditist beschränkt haftpflichtig). Diese Feinheiten des Gesellschaftsrechts und die graduellen Unterschiede des Gesellschafterrisikos haben nicht nur für die Gesellschafter Bedeutung, auch die Finanzierungsmöglichkeiten und die Kreditwirtschaft der Unternehmung werden durch sie beeinflußt.

Die tatsächliche Gestaltung kann von den Rechtsnormen abweichen. Bei der Kommandit- und bei der offenen Handelsgesellschaft können vertraglich einzelne persönlich haftende Gesellschafter von der Geschäftsführung ausgeschlossen werden, sind aber trotzdem anteilsmäßig am Unternehmungsverlust beteiligt, obgleich sie keine Unternehmerarbeit leisten. Das geteilte Unternehmungsrisiko bei Kollektivunternehmungen kann rechtlich begrenzt oder unbegrenzt sein. Die persönlich haftenden Gesellschafter sind unbegrenzt beteiligt, haften mit ihrem ganzen Vermögen, nicht nur mit ihrem Anteil am Gesellschaftskapital. Tatsächlich liegt eine Begrenzung in der Höhe des eigenen Privat- und Geschäftskapitals. Bei anderen Unternehmungsformen ist die Verlustbeteiligung auf bestimmte Summen beschränkt: beschränkte Haft- und beschränkte Nachschußpflicht bei der G. m. b. H., der eingetragenen Genossenschaft. Die Mitglieder einer Gewerkschaft, einer G. m. b. H. mit unbeschränkter Nachschußpflicht können ihre rechtlich unbegrenzte Verlustgefahr auf den bisher erlittenen Verlust bzw. die bisherigen Leistungen auf ihren Geschäftsanteil durch Verzicht auf die Gesellschaftsrechte beschränken (Kaduzierung).

b) Der Unternehmer, der rechtlich die Verantwortung für die Unternehmung trägt und die Kosten zur Erwerbung, Erhaltung und Sicherung eines Ertrages aufwendet, betreibt die Unternehmung zwar für eigene Rechnung, aber nicht ausschließlich auf eigene Gefahr. An den Mißerfolgen der Unternehmung sind im ungünstigsten Falle (Konkurs, Zwangsvergleich) die fremden Kredit- und Beteiligungskapitalien und die fremden Arbeitskräfte mitbeteiligt: Die Gläubiger mit ihren Forderungsbeträgen, die nur finanziell beteiligten fremden Unternehmungen mit ihrem Beteiligungskapital, die Arbeiter und Angestellten mit ihrer Arbeitskraft und ihrer Existenz.

II. Abschnitt.

Mittel der Abwehr.

Es ist naheliegend, daß der Unternehmer im Interesse des eigenen Kapitals und dessen Rentabilität sowie im Interesse des fremden Kapitals und der eigenen Kreditfähigkeit alle Maßnahmen treffen wird, um den Folgen der mannigfachen Gefahren zu begegnen, insbesondere jener Risiken, die erfahrungsgemäß am häufigsten und umfangreichsten wirksam werden und deshalb für die Wirtschaftsführung am meisten in Betracht kommen. Dabei kann als privatwirtschaftlicher Grundsatz gelten: Der

Unternehmer hat alles zu vermeiden, was einen Schaden herbeiführen könnte, und darf nichts unterlassen, was zur Vermeidung eines Schadens beitragen kann.

Ob und welche Abwehrmaßnahmen im allgemeinen und im Einzelfall in Betracht kommen, mit welchem Erfolg und mit welchen Unkosten u. a. m., ist stets eine Frage der inneren oder äußeren Organisation der Unternehmung. Die Privatwirtschaftslehre ist im wesentlichen Rentabilitätslehre der Erwerbswirtschaften, d. h. eine einzelwirtschaftliche Lehre von der Organisation und Verwaltung der Erwerbswirtschaft. Unter diesem Gesichtspunkt will die vorliegende Untersuchung gewertet werden.

Eine systematische Untersuchung und Wertung dieser Abwehrmaßnahmen, die bewußt, häufig aber unbewußt, der Risikosicherung im weitesten Sinne dienen, werden sich zweckmäßig an das folgende Schema anschließen lassen.

A. Mittel der individuellen Selbsthilfe.

B. Kollektivschutzmaßnahmen der von den gleichen Gefahren bedrohten Interessenten.

C. Behördliche[1]) bzw. gesetzliche Schutzmaßnahmen.

Zu A: Zu den wichtigsten Maßnahmen dieser Gruppe gehören: 1. die Überwälzung (vertragliche, stillschweigende), a) ohne Entgelt; b) die entgeltliche Überwälzung bzw. Übernahme eines Risikos durch Versicherung im üblichen Sprachgebrauch sowie durch Garantieübernahme. 2. Fürsorgemaßnahmen verschiedenen Inhalts: a) örtliche, zeitliche, persönliche und sachliche Verteilung der Verlustgefahr. b) Die Teilung der möglichen Verlustgefahr zwischen mehreren Kontrahenten. c) Sicherstellung durch spezielle Deckung von Seiten des Gegenkontrahenten. d) Selbstversicherung durch Ansammlung von Verlustausgleichsreserven. e) Beschränkung der Verlustgefahr auf einen im Voraus bestimmten Höchstbetrag oder auf eine im Voraus bestimmte Zeit. f) Andere vorbeugende Maßnahmen vor Abschluß eines Vertrages und während des Bestehens der Verlustgefahr.

---

[1]) Von der Erörterung der gesetzlichen und verwaltungspolizeilichen Präventiv- und Repressivmaßnahmen, wie sie in besonders starkem Maße in der deutschen Sozialversicherung, aber auch aus privatwirtschaftlichen Gründen von den Versicherungsunternehmungen (Berufsgenossenschaften, Feuerversicherungsgesellschaften u. a.) getroffen wurden, soll hier abgesehen werden.

A. Mittel der individuellen Selbsthilfe.

Die Risikoüberwälzung.

Unter den zahlreichen verwaltungspolitischen Maßnahmen, die getroffen werden, um bestimmte oder unbestimmte Risiken für die eigene Unternehmung einzuschränken oder zu beseitigen, steht an erster Stelle die Überwälzung der Verlustgefahr auf andere Wirtschaftseinheiten. Sie erfolgt ausdrücklich (gesetzlich oder vertraglich) oder stillschweigend, gegen Entgelt oder ohne besondere Vergütung. In vielen Fällen wird besonders darauf hingewiesen, daß der Gegenkontrahent Gefahren bestimmter Art zu tragen habe, z. B. in den Geschäftsbedingungen, bei Vertragsabschlüssen ohne gedruckte Bedingungen, durch Aufdruck auf Rechnungen usw. In anderen Fällen wird die Gefahrenüberwälzung als selbstverständlicher Inhalt des Vertrages nicht besonders erwähnt, aber auch durch Verschleierung, Verklausulierung, absichtliche Unklarheit in den Vertragsinstrumenten abgewälzt. Endlich überträgt man auch bereits eingetretene Schäden stillschweigend, versuchsweise auf andere — man denke an den wissentlichen Verkauf beschädigter, qualitativ schlechter oder verdorbener Waren im Kleinhandel, Lieferung von Waren mit Schönheits- und anderen Fehlern zu normalen Preisen für einwandfreie Waren.

Die Überwälzung ohne Entgelt, d. h. ohne ausdrücklich vereinbarte Vergütung für die Übernahme fremder Risiken scheint allgemeine Tendenz kaufmännischer Geschäftspolitik zu sein. Jeder Unternehmer — Käufer oder Verkäufer, Abnehmer und Lieferant, Kreditgeber und Kreditnehmer — ist bestrebt, oft unter Ausnutzung seines wirtschaftlichen Übergewichts gegenüber dem Gegenkontrahenten Gefahren abzuwälzen, sofern es nicht angeht, die Risiken zu versichern. Die gedruckten Geschäftsbedingungen unserer Kreditbanken bieten ein vortreffliches Beispiel. Mit der Absicht, für die Rechtsverhältnisse zwischen Bank und Kunden eine zweifelsfreie Grundlage zu schaffen, geht parallel das Bestreben, unbequeme gesetzliche Vorschriften auszuschalten, insbesondere Haftung und Verantwortung einzuschränken oder abzuwälzen, oder einer der Bank ungünstigen Auslegung unklarer gesetzlicher Bestimmungen durch einseitig vorgeschriebene Geschäftsbedingungen zu begegnen. Man kann feststellen, wie ungünstige reichsgerichtliche Entscheidungen eine für die Banken zweckmäßige Änderung der allgemeinen Bedingungen zur Folge haben (die schriftlich vereinbarten individualisierten Geschäftsbedingungen des Einzelfalles entziehen sich der allgemeinen Kenntnis).

Das bürgerliche Recht enthält zahlreiche Bestimmungen hinsichtlich des Risikos [1]). Einige der wichtigeren sollen hier erörtert werden. Bei gegenseitigen Verträgen trägt der Schuldner die Gefahr bis zur Erfüllung (§ 323). Mit der Übergabe der verkauften Sache (mit Ausnahme des Erbschaftskaufes, § 2380) geht die Gefahr des zufälligen Unterganges und einer zufälligen Verschlechterung auf den Käufer über; bis dahin hat sie der Verkäufer zu tragen (§ 446). Versendet der Verkäufer auf Verlangen des Käufers die verkauften Sachen nach einem anderen Ort als dem Erfüllungsort, so geht die Gefahr auf den Käufer über, sobald der Verkäufer die Sachen dem Spediteur, dem Frachtführer oder der sonst zur Ausführung der Versendung bestimmten Person oder Anstalt ausgeliefert hat (§ 447). In diesem Falle sind Versendungsort und Erfüllungsort verschieden; die Transportgefahr trägt der Käufer („Sie empfangen auf Ihre Rechnung und Gefahr") [2]). Durch Vereinbarung kann die Gefahr erst in einem späteren Zeitpunkt auf den Käufer übergehen. Häufig wird der Verkäufer beauftragt, die Transportgefahr für den Käufer zu versichern. Damit überträgt der Käufer sein Risiko durch einen Dritten auf einen ihm zunächst unbekannten Versicherer.

Zahlreiche Klauseln in den Rechnungen des Verkäufers machen den Käufer besonders auf die von ihm zu tragenden Transportschäden aufmerksam; z. B.: „Transportschäden trägt der Käufer auch bei Frankolieferung." „Für Bruchschäden" — in anderen Fällen: für die Gefahr des Beraubens, des Gewichtsabganges, für die Folgen des Frostes, die Beschädigung der Verpackung... — „wird keine Verbindlichkeit übernommen." Die Klausel „Fob" (free on board) ist Spesen- und Gefahrenklausel; der Verkäufer trägt die Kosten der Versendung bis an Bord des Seeschiffes. Überdies wird der Erfüllungsort für den Lieferanten an Bord des Seeschiffes verlegt. Der Verkäufer erfüllt seine Leistung erst mit Auslieferung der Ware an Bord des Schiffes. Durch diese Interpretation geht die Gefahr der Verzögerung der Verladung auf den Lieferanten über.

Bei einem Verzug des Käufers geht die Gefahr mit dem Zeitpunkt auf den Gläubiger über, in welchem er dadurch in Verzug kommt, daß er die angebotene bzw. gekaufte Sache nicht abnimmt (§ 300).

Bei Werk- und Werklieferungsverträgen trägt der Unternehmer die

[1]) Gefahr bei Hinterlegung § 379; bei der Übersendung von Geld § 270; bei der Vorlegung § 811 usw.

[2]) Vgl. §§ 450, 451, 455, 480, 483, 484.

Gefahr bis zur Abnahme bzw. Vollendung des Werkes. Für eine zufällige Verschlechterung und den zufälligen Untergang des vom Besteller gelieferten Stoffes ist der Unternehmer nicht verantwortlich (§§ 644, 645 BGB).

Der Kommissionär handelt auf eigene Gefahr, wenn er ohne Zustimmung des Kommittenten einem Dritten Vorschuß leistet oder Kredit gewährt (§ 393 HGB.).

Entgegen den Bestimmungen des § 270 BGB., wonach der Schuldner auf seine Kosten Geld dem Gläubiger an dessen Wohnsitz zu übermitteln hat, werden die Portokosten für Geldsendungen in Abzug gebracht, eine Kostenüberwälzung, gegen die seit Einführung des Postscheckverkehrs energischer Einspruch erhoben wird. Bekannt ist auch der Versuch, Gefahren und Kosten für Wechsel auf Nebenplätze durch Übersendung an den Gläubiger abzuwälzen, wogegen dieser sich wiederum durch eine Rechnungsklausel wehrt: „Bei Rimessen auf Nebenplätze werden die Einzugsspesen in Abzug gebracht, eine Verbindlichkeit für rechtzeitige Protestierung wird nicht übernommen."

Der Spiel- oder Differenzeinwand (§ 764 BGB., §§ 54 f. BG.) bietet ein vortreffliches Beispiel für die Möglichkeit, unter gesetzlichem Schutz eingetretene Verluste auf andere abzuwälzen. Die Gefahren der Spekulation sind infolge der recht verwickelten Bestimmungen des Börsengesetzes über Termingeschäfte ganz bedeutend.

In einzelnen Produktionsgewerben haben sich recht eigenartige, auf dem Gegenseitigkeitsprinzip beruhende Methoden der Risikoüberwälzung ausgebildet. So wird berichtet [14], daß die Lieferanten einzelner Arbeitgeberverbände Beiträge zur Streikkasse des Verbandes durch Aufkleben von Beitragsmarken leisten sollen; nicht selten wird dem Lieferanten, hauptsächlich von ausländischen Käufern, ohne vorherige Abrede bei der Bezahlung erhaltener Lieferungen vom Rechnungsbetrag 1 ‰ 2 ‰ bis ½ % in Abzug gebracht, zur Auffüllung von Pensionskassen zugunsten städtischer Arbeitsversorgungskassen u. ä. Ein Teil der Gehaltsspesen wird auf den Lieferanten abgewälzt, wenn er Umsatzprovision an das Geschäftspersonal der kaufenden Firma zahlen soll. Auch Arbeiterorganisationen versuchen die Abhängigkeit des Lieferanten für ihre Organisationen auszunutzen: Werkmeister empfehlen solche Firmen, welche in der Vereinszeitschrift inserieren. Andere Vereine verlangen von den Lieferanten ihres Arbeitgebers Beiträge zu festlichen Veranstaltungen, zu Arbeitergesangsvereinen, und betonen: wir verpflichten uns, Ihre

Fabrikate auch fernerhin bestens zu empfehlen; wir werden Ihre Firma bei Bedarf in erster Linie berücksichtigen. Ein Handwerkerverband empfiehlt für Lieferungen an seine Mitglieder nur solche Firmen, die eine jährliche Umsatzprovision von 2 % an den Verband zahlen. Dafür sollen die Reisenden dieser Firmen Karten erhalten, auf denen der Verband seinen Mitgliedern empfiehlt, bei der betreffenden Firma zu kaufen.

Als ein Mittel der Produktions- und Gewinnsicherung stellt sich der in den letzten Jahren vielfach erörterte Grundsatz der Bestellung nur bei Gegenbestellungen, die Zahlung einer Warenlieferung durch Gegenlieferungen dar. So bestellen beispielsweise Eisenwerke Maschinen nur, wenn die Maschinenfabrik bei ihnen gleichzeitig Bestellungen auf Eisenmaterial (Roheisen, Stahlguß, Walzfabrikate, Feilen u. dergl.) aufgibt; besonders in der Metallwarenindustrie hat der Gebrauch der Gegenbestellungen mehr und mehr um sich gegriffen. Das Angebot eines Lieferanten wird nur angenommen, wenn der zukünftige Verkäufer sich verpflichtet, der bestellenden Firma für diese Aufträge ganz oder teilweise (20 %, 60 %, 100 % des Wertes der Lieferung) Gegenaufträge zu normalen Bedingungen, manchmal sogar zu höheren Preisen zu erteilen. Der Besteller zwingt seinen Lieferanten zur Abnahme eigener Waren, gleichgültig ob der Lieferant für derartige Mengen oder für solche Waren überhaupt Bedarf hat. Der Lieferant muß die ihm gelieferten Waren entweder als Wiederverkäufer zu veräußern suchen oder seine Lieferanten zur Abnahme der ihm selbst aufgezwungenen Waren veranlassen oder seinen eigenen Bedarf auf Jahre hinaus zu ungünstigen Preisen eindecken. Auch die Verschiedenheit der Zahlungsbedingungen kommt in Betracht: Wenn das Eisenwerk nur gegen Barzahlung liefert, für Maschinenlieferungen hingegen anders geartete Zahlungsbedingungen bestehen, so erhöhen sich die Zinsenverluste, und die finanzielle Lage des Bestellers wird wesentlich ungünstiger. Von großen Elektrizitätsfirmen wird berichtet, daß sie Gegenaufträge schon Jahre voraus einholen, bevor der Gewerbetreibende seine Anlagen herstellen läßt (vgl. die Umfrage des Deutschen Handelstages und den Bericht über dessen Ausschußsitzung, Dezember 1912).

Der Großbetrieb zwingt seine Lieferanten zu Gegenbestellungen, die nun ihrerseits Abnehmer für die zwangsweise übernommenen Waren suchen und in den Gegenaufträgen ihrer Abnehmer und deren Kunden solche Zwangskäufer finden. Daneben läuft der geschilderte Zwangsabzug bei Bezahlung der Rechnungsbeträge. Die Arbeiter- und Handwerkerverbände erzwingen direkt oder indirekt Kostenbeiträge verschiedener

Art: Ein unerfreuliches Bild geschäftlicher Betätigung unter Ausnutzung des wirtschaftlichen Übergewichts, das jeder Abnehmer seinen Lieferanten gegenüber besitzt. Gegenseitigkeitsgeschäfte, die in einer ungesunden inneren und äußeren Wirtschaftspolitik ihre Begründung finden.

Durch die Streikklausel[1]) in den Vertragsbestimmungen der Arbeitgeberverbände werden Kunden und Lieferanten an den Folgen der Arbeiterkämpfe mitbeteiligt. Ihre gewöhnliche Fassung ist etwa die folgende: „Arbeitsniederlegung oder Aussperrung der Arbeitnehmer bewirkt eine Verlängerung aller Fristen um die Dauer der Arbeitsniederlegung oder Aussperrung, ohne daß der Vertrag einseitig rückgängig gemacht oder Schadenersatz gefordert werden kann.“ Oder: „Betriebsstörungen durch Arbeiterstreik, Feuer, Maschinenbruch sowie ein Waggonmangel befreit uns von der Verpflichtung zur rechtzeitigen Lieferung“ (man vgl. dazu §§ 275, 279, 308 BGB.).

Der bewußten Abwälzung drohender Vermögensverluste bzw. Gewinneinbußen durch den Bedrohten steht auf der andern Seite die Risikoübernahme ohne unmittelbares Entgelt gegenüber. Die Übernahme einer Gefahr gegen Prämien — Versicherung, Rückversicherung, Garantieübernahme, Bürgschaft — steht jetzt nicht zur Erörterung. Wir meinen die unbewußte Übernahme als selbstverständliche Begleiterscheinung der Organisation des Handels, die ganz besonders bei der Beurteilung der Ausschaltungsbestrebungen in Handel und Industrie von Bedeutung wird. Großhändler und Exporteure — die Rechtsform dieser Vermittlungsunternehmungen ist für den wirtschaftlichen Effekt nebensächlich — nehmen dem Produzenten und dem Detailhändler das Risiko der Mode, der Unverkäuflichkeit, der Konjunktur, der Absatzzersplitterung und ähnliche Gefahren ab; es vermindern sich die Vermögensverluste durch uneinbringliche Außenstände, weil an die Stelle zahlreicher kleiner Forderungen eine geringe Zahl größerer Forderungen an für gewöhnlich zahlungsfähige Abnehmer tritt, kurz, die Absatzvermittlung übernimmt eine Menge Gefahren, die mit dem Vertrieb an Detailhändler und Konsumenten bzw. die mit dem direkten Export nach dem Auslande und insbesondere nach Übersee verbunden sind.

Der Effektenspekulant, der Börsentermingeschäfte abschließt, und dem

---

[1]) Durch eine Reichsgerichtsentscheidung (Urteil vom 17. April 1914, Aktenzeichen VII, 35/14) ist der Begriff „Arbeitseinstellung“ in einem Bauvertrage dahin ausgelegt worden, daß darunter auch die vom Arbeitgeberverbande beschlossene und vom Bauunternehmer durchgeführte Aussperrung der Arbeiter fällt.

auf kurze Zeit verfügbare Gelder von Kapitalbesitzern zur Verfügung gestellt werden — im Wege des Reports und des Ultimogeldes — übernimmt die Gefahr der Kursveränderungen und der Unverkäuflichkeit der Wertpapiere; er nimmt diese Gefahren des Effektenkapitalbesitzes dem Geldgeber ab, der sie selbst tragen müßte, falls er die freien Geldkapitalien selbst und unmittelbar in Effektenkapital anlegen würde.

Die Versicherung.

Die Versicherung als Mittel der privatwirtschaftlichen Risikoüberwälzung ist die vertragliche Übernahme einer fremden Vermögensgefahr durch den Versicherer gegen ein vom Versicherer zu leistendes Entgelt. Auf die unterschiedlichen Begriffe der Versicherung in der Volkswirtschaftslehre und in der Rechtswissenschaft braucht hier nicht eingegangen zu werden[15]. Wer sich gegen Diebstahl, Feuer, Kursverlust u. dergl. versichert, weiß, was die Versicherung für ihn ist; der Versicherer verspricht eine einmalige oder eine wiederholte Vermögensleistung, die Auszahlung einer Deckungssumme in begrenzter Höhe und unter bestimmten Voraussetzungen. Bei der Versicherung handelt es sich um den zufälligen Eintritt eines Ereignisses, das unmittelbar oder mittelbar wirtschaftlich nachteilig ist.

Für die Geschäftspolitik der Einzelwirtschaft ist es grundsätzlich gleichgültig, ob der Versicherte die Überwälzung der Vermögensgefahr erkauft durch Prämien, d. s. einmalige oder wiederkehrende im Voraus festgesetzte Beiträge, die dem Gefahrengrad angepaßt sind, oder durch Umlagen, wobei in einem Zeitabschnitt, z. B. innerhalb eines Geschäftsjahres, die ausgezahlte Schadensummen nachträglich auf die Gesamtheit der Versicherten umgelegt und verteilt wird (Berufsgenossenschaften).

Die Versicherungsveranstaltungen beruhen auf dem Gegenseitigkeits- oder auf dem Erwerbsprinzip. Bei Gegenseitigkeitsveranstaltungen verpflichten sich die Mitglieder untereinander zur gemeinsamen Tragung eines das einzelne Mitglied treffenden Schadens: Versicherer und Versicherte sind identisch. Zweck der Gegenseitigkeitsveranstaltungen ist Ersatz des wirklich entstandenen Schadens. Die Mitglieder bilden wirtschaftlich betrachtet eine Gefahrengemeinschaft, eine Genossenschaft mit Ausschluß der Erwerbstendenz. Die Beiträge der Mitglieder werden erhoben, wenn ein Schaden wirklich eingetreten ist, und nur so viel wird umgelegt auf die nichtbetroffenen Mitglieder, als zur Deckung der Schäden erforderlich ist; doch findet auch eine vorschußweise Erhebung bestimmter nach Bedürfnis alljährlich wechselnder Beiträge mit Nachschußpflicht statt (Kapitaldeckungsverfahren). Die Versicherungsbeiträge dieser Art sind Vorschüsse auf das, was möglicherweise in Zukunft an Schäden zu vergüten sein wird.

Zu den auf dem Gegenseitigkeitsprinzip beruhenden Versicherungsanstalten im weiteren Sinne zählen wir die Berufsgenossenschaften, die Versicherung gegen Streiks durch Ansammlung von Streikfonds auf Seiten der Arbeitgeberverbände, die Versicherungsgemeinschaften einiger Schiffahrtsunternehmungen zwecks Verteilung der Verlustgefahr, selbstverständlich Gegenseitigkeitsvereine als Unternehmungsform.

Bei den auf dem Erwerbsprinzip beruhenden Veranstaltungen stehen sich Versicherte und Versicherer einander gegenüber wie Kaufmann und Kunde. Gewinn oder Verlust aus dem Versicherungsbetrieb gehen auf Rechnung des Versicherers, des Unternehmers, der Einzelkaufmann sein kann, zumeist aber das Gewerbe in der Rechtsform der Aktienunternehmung betriebt. Auch Gelegenheitsgesellschaften bilden sich, insbesondere wenn es sich um die Übernahme besonders gefährlicher Objekte handelt. Von den hier interessierenden Versicherungszweigen sollen erwähnt werden: die Sozialversicherung, eine öffentliche und Zwangsversicherung hauptsächlich der Arbeiter und Angestellten; von der Privatversicherung (freiwillige Versicherung) kommen in Frage: a) Personenversicherung: die Lebensversicherung als Mittel der Kreditversicherung; b) Güterversicherung: Transport-, Valoren-, Feuer-, Glas-, Diebstahl-, Unterschlagungs-, Wasser- und Sturmschäden-, endlich Maschinenversicherung; c) Vermögenswertversicherung: Haftpflicht-, Kursverlust-, Hypotheken-, Kreditversicherung [16].

Einige neue Versicherungsarten sollen (um die Fortschritte auf dem Gebiete der Sachversicherung zu veranschaulichen) hier kurz besprochen werden. 1. Die Betriebsunterbrechungs-Versicherung[17] soll die indirekten Schäden durch Betriebseinstellung infolge eines Brandes (Blitz, Explosion) decken; eine Versicherung der ausfallenden Betriebseinnahmen oder des Nettogewinns oder der fortlaufenden Geschäftsunkosten im allgemeinen, oder bestimmt bezeichneter, fortlaufender Unkosten im besonderen (Zinsen für Kreditgelder, Miete, Steuern, Gehälter, Löhne).

2. Eine Art Gewinnversicherung liegt in der Verkaufspreisklausel[17] der Feuerversicherungsverträge mit Fabrikanten. Für lieferungsfertige, vor dem Eintritt des Versicherungsfalles bereits verkaufte, dem Käufer aber noch nicht übergebene Fabrikate wird als Versicherungs-

wert der Erzeugnisse der Verkaufspreis, abzüglich der durch die Nichterfüllung etwa ersparten Unkosten, aber zuzüglich der infolge der Nichterfüllung entstehenden Vergütung an den Käufer angenommen.

3. Für die Zuckerindustrie und für den Zuckerhandel ist die Versicherung von Preisdifferenzen infolge Minderverwertbarkeit von Rohzucker der Raffinerien und des Preisunterschiedes bei der Rübenverwertung zugelassen worden, die, wenn sie in späterer Zeit unter sinngemäßer Abänderung auf andere Gewerbebetriebe Ausdehnung finden sollte, sicherlich einen Fortschritt in der Versicherung gegen Vermögensverluste infolge sozialwirtschaftlicher Vorgänge bedeutet. Vorläufig wird in den Kreisen der Interessenten über hohe Prämien, Verklausulierungen unter Vorbehalten geklagt, die bei dem Versicherungsnehmer das Gefühl, im Schadenfalle eine wirkliche Deckung zu haben, nicht recht aufkommen läßt. Die Frankfurter Zeitung (8. April 1914) berichtet über den Umfang der Versicherung und über das Für und Wider wie folgt:

a) Minderverwertbarkeit von Rohzucker bei den Raffinerien: Eine Zuckerraffinerie verkauft heute einen großen Teil ihrer Raffinade-Erzeugung für die nächste Kampagne Oktober 1914/September 1915 (derartige langsichtige Verkäufe kommen sehr oft vor) und nimmt gleichzeitig Gegendeckung bei einer Rohzuckerfabrik auf die gleichen Termine. Die Rohzuckerfabrik brennt kurz vor Beginn der Liefertermine ab, und die Preise sind bis dahin um M. 10 für 100 kg hinaufgegangen. Die Rohzuckerfabrik ist infolge höherer Gewalt von der Lieferungspflicht entbunden, die Raffinerie aber muß ihrem Käufer liefern und ist deshalb gezwungen, sich Rohzucker zu dem gestiegenen Preise zu kaufen. Versicherungen dieser Art wurden namentlich im Jahre 1911 mit vielen Hunderten von Millionen Mark bei Lloyds in London genommen.

b) Rüben-Entwertung. Eine solche tritt für die Rohzuckerfabrik ein, wenn sie durch dauernde Betriebsstörung nicht mehr in der Lage ist, die gekauften Rüben zu verarbeiten, denn in diesem Falle ist sie gezwungen, die Rüben wesentlich unter dem Ankaufspreise zu veräußern. Eine Rohzuckerfabrik verarbeitet in der Kampagne Oktober/Dezember eine bestimmte Menge Rüben, welche von Landwirten der Umgebung gebaut werden. Wird nun die Fabrik durch höhere Gewalt in die Unmöglichkeit versetzt, diese Rübenmengen zu verarbeiten, so muß sie solche entweder zu einem wesentlich billigeren Preise zu Futterzwecken verkaufen oder anderen Rohzuckerfabriken, deren Erzeugungsstätten entfernter liegen und hohe Frachten verursachen, billig überlassen.

Aus den Kreisen der Versicherungsnehmer wurde darüber geklagt, daß in letzterem Falle die Versicherungsgesellschaften den Vorbehalt machen, daß der Versicherungsnehmer keinen Anspruch auf irgendwelche Vergütung haben soll, wenn infolge etwaiger höherer Rohzuckerpreise eine verlustfreie anderweitige Verwertung der Rüben möglich geworden ist. Die Versicherungsgesellschaften übersähen dabei aber, daß der Brandfabrik durch die Unmöglichkeit der Verarbeitung der erworbenen Rüben der Gewinn, der aus der Verarbeitung erzielt worden wäre und für den eigentlich doch in der Rüben-Entwertungs-Versicherung mit genommen worden ist, entgeht.

c) Preisdifferenzen im Zuckerhandel. Dabei handelt es sich darum, daß der Rohzucker einer bestimmten Fabrik, den der Händler (oder die Raffinerie) mit späterer Lieferzeit kauft, infolge höherer Gewalt nicht geliefert werden kann. Nach den Bedingungen der Börse für Lieferungsverträge braucht in diesem Falle der Vertrag nicht erfüllt werden. Der Käufer kann aber dadurch Schaden erleiden, wenn der Zuckerpreis nach dem Abschluß des Geschäfts in die Höhe geht, da ihm der Gewinn zwischen Einkaufs- und Verkaufspreis entgeht. Hat er mit Rücksicht auf die ihm in Aussicht stehende Lieferung des gekauften Zuckers einer bestimmten Fabrik (Provenienzzucker) eine gleiche Menge von Rohzucker beliebiger Herkunft entweder am Effektiv- oder Terminmarkt verkauft, so muß er sich, wenn der gekaufte Provenienzzucker nicht geliefert wird, zum Tagespreis für seinen Verkauf eindecken, verliert also die Preisdifferenz. Dagegen schützt auch nicht die Eindeckung im Terminmarkt, da die Verpflichtung aus dem Terminverkauf bestehen bleibt, wenn der Lieferungsvertrag über gekauften Rohzucker unerfüllbar wird.

Es würde einem Wunsche des Zuckerhandels entsprechen, wenn die Möglichkeit geboten würde, sich gegen die erwähnten Schäden so zu versichern, daß dabei jede höhere Gewalt als Ursache der Unerfüllbarkeit der Lieferungsverträge zugelassen würde. Darauf lassen sich aber weder die heimischen noch ausländischen Gesellschaften ein, die Versicherung wird vielmehr auf die Eventualität von Brand, Blitzschlag und Explosion beschränkt. Im übrigen werden die heimischen Gesellschaften nur in ihrem eigenen Vorteil handeln, wenn sie sich in der Versicherung so kulant wie möglich zeigen, um die Interessenten nicht zu veranlassen, sich an ausländische Unternehmungen zu wenden.

4. Die Kreditversicherung[18] ist, im Gegensatz zu den englischen und amerikanischen Vorbildern, in Deutschland über einige Versuche

nicht hinausgekommen. Es fehlt diesem Versicherungszweig an genügendem statistischen Material für die Prämienberechnung. Die deutsche Konkursstatistik versagt vollständig (vgl. III. Abschnitt). Grundlagen der bisherigen Versicherung waren die folgenden: Versicherungsnehmer waren die Kreditgeber, die Versicherung war eine Kundenversicherung, eine Versicherung der Forderungen, nicht der Schulden. Es wurden nur bestimmte, rechtsbeständige, d. h. vom Schuldner anerkannte Forderungen (z. B. Warenkredite oder Darlehnsforderungen) und zwar in ihrer Gesamtheit, oder nur einzelne Forderungen versichert, überdies nur die außerordentlichen, nicht selbst verschuldeten Verluste anteilsmäßig ersetzt, während die gewöhnlichen Durchschnittsverluste durch Selbstversicherung gedeckt waren. Bestimmte Geschäfte mit spekulativem Charakter, z. B. Termingeschäfte, Terraingeschäfte, Kapitalbeteiligungen als Gesellschafter einer Unternehmung, ja sogar bestimmte Gebietsteile des Deutschen Reiches bzw. des Auslandes waren von der Versicherung ausgeschlossen. Für einzelne Kreditnehmer wurden Höchstkredite und eine Höchstgrenze der Entschädigung sowie eine Höchstgrenze der Gesamtentschädigungen innerhalb eines Versicherungsjahres festgesetzt. Die Inanspruchnahme einer Auskunftei, die der Versicherungsanstalt angegliedert war, war obligatorisch. Das Eigenrisiko, d. h. die Nichtversicherung des Versicherten war demnach recht erheblich. Bei der Berechnung der Prämiensätze wurden Gefahrengruppen nach der Gleichartigkeit (z. B. Warenforderungen an Großhändler, an Detailhändler, Darlehnsforderungen) oder nach ihrer Gleichwertigkeit (Warenkredite, Bankkredite, Pacht, Miete) gebildet; die Prämientarife wurden nach den Verlusten des Versicherungsnehmers in den letzten Jahren unter Mitberücksichtigung der Höchstkredite, der Zahlungsfristen usw. berechnet. Die Entschädigungssumme wurde unter Berücksichtigung der in der versicherten Forderung steckenden Gewinnquote festgesetzt.

Abgesehen von den unsicheren versicherungsstatistischen Unterlagen für eine exakte Berechnung der Risikoprämie kann eine Kreditversicherung größere Bedeutung nur erlangen, wenn sich die Versicherung nicht auf bestimmte Handelskreise, bestimmte Absatzgebiete und bestimmte Forderungen allein beschränkt, da andernfalls die versicherungstechnisch notwendige Mischung bzw. Verteilung der Risiken, der Gefahrenausgleich fehlt; dann dürfen das Eigenrisiko und die Kosten nicht zu groß sein; der Kapitalersatz für die Verluste muß rasch vor sich gehen — die Schadenregulierung erfolgte erst nach Ablauf der Jahrespolice — die Versicherungsdauer muß eine entsprechend lange sein.

Am zweckmäßigsten scheint eine nach Branchen gegliederte genossenschaftliche Organisation der Kundenversicherung zu sein, eine auf Gegenseitigkeit beruhende Unternehmungsform. Davon könnte man sich auch eine gewisse erzieherische Wirkung auf die Versicherten und den Kunden versprechen, vielleicht auch eine Besserung der Kredit- und Zahlungsverhältnisse innerhalb der Branchen, insbesondere dann, wenn der Versicherungszweck durch Ausgabe von Schuldner- und Kreditwarnungslisten sowie durch Errichtung von Einziehungs- und Auskunftsstellen unterstützt wird (vgl. II B).

Die Versicherung im üblichen Sprachgebrauch schließt selbst wiederum die Gefahr in sich, trotz des Versicherungsvertrages nicht versichert zu sein, die Gefahr, daß einschränkende Bedingungen oder die Bedingungen des kleingedruckten, selten wirklich gelesenen Versicherungsvertrages nicht alle Risiken decken. Es empfiehlt sich deshalb zunächst ein genaues Studium der Versicherungsbedingungen, die Erwägung aller möglichen Ereignisse und die Untersuchung, ob nach dem Wortlaut der Bedingungen auch diese gedeckt sind. Die Gefahr der durch Versicherung nicht gedeckten Risiken ist besonders groß bei Vertragsabschlüssen mit ausländischen Versicherungsunternehmungen, bei kommissionsweiser Besorgung der Versicherung sowie bei der überseeischen Transportversicherung. Mag durch das Versicherungsvertragsgesetz in mancher Hinsicht das Risiko der Versicherung geringer geworden sein, so sind immerhin Fälle bekannt geworden, wo die Schadenregulierung von dem Entgegenkommen der Versicherungsgesellschaft abhängig, ein Zwang zur Schadendeckung in den vertraglichen Bedingungen nicht gegeben war. Ein weiteres Risiko der Versicherung liegt in der Möglichkeit der Zahlungsunfähigkeit des Versicherers.

Die Überwälzung des Vermögensverlustes durch Versicherung ist für alle Vermögensschädigungen geeignet, die erfahrungsgemäß stets eintreten — nur läßt sich der Zeitpunkt des Eintretens und der Umfang des entstehenden Verlustes schwer schätzen — und für solche Ereignisse, bei denen Ungewißheit herrscht, ob sie überhaupt, oder über den Zeitpunkt, wann sie eintreten werden.

Die für den kaufmännischen Unternehmer wichtigen Versicherungsarten beschränken sich nicht auf Versicherungsaktienvereine und Versicherungsvereine auf Gegenseitigkeit. Die Kursverlustversicherung wird im Nebenbetriebe von Kreditbanken übernommen, die Delkredereversicherung von Verkaufskommissionären für den Einzelfall (unter Anrechnung einer Delkredereprovision — § 394 HGB. — in der Verkaufsrechnung über die Kommissionsware), in Hamburg von einzelnen Maklerfirmen erwerbsmäßig.

Über die (in der Fachliteratur selten behandelte) Delkredereversicherung ein paar Worte: Am Hamburger Platz betreiben einige Handelsfirmen auf Grund eines gut organisierten Archivmaterials als Spezialität ihres Geschäftsbetriebes die Vermittlung des Delkredereverkehrs zwischen Garanten (Banken, Bankiers, Firmen einer bestimmten Branche) und den Versicherung suchenden kaufmännischen oder industriellen Firmen des In- und Auslandes. Das Delkredere kann voll (mit 100 %) oder mit einem bestimmten Prozentsatz gedeckt werden, der Auftraggeber wird genannt; doch können die Garantiescheine auf den Inhaber lauten. Nach den uns vorliegenden Bedingungen (vgl. Anhang) erfolgt die Vermittlung frei von Courtage und Provision. Dagegen verpflichtet sich der Auftraggeber zur Abwicklung aller späteren Geschäfte mit dem ihm zugeführten Garanten durch Vermittlung der Maklerfirmen, um deren Courtageansprüche zu wahren; auch müssen alle Korrespondenzen durch ihre Hand gehen.

Die Delkredereprovision richtet sich nach der Güte der auftraggebenden Firmen, nach der Größe des Betrages, der Länge des Zahlungszieles und unter Umständen nach der Beurteilung der wirtschaftlichen Verhältnisse des betreffenden Geschäftszweiges. Die Delkrederedeckung entlastet den Versicherten von den Gefahren des Kreditgebens, obgleich keine Garantie für zweifelhafte oder gefährdete Forderungen geleistet wird. Sie ermöglicht Kaufleuten Umsätze mit solchen Firmen, bei denen die vorsichtig bemessene Kreditgrenze mit Rücksicht auf die eigenen Mittel schon erreicht ist. Voraussetzung für die Wirksamkeit dieses Versicherungszweiges ist die Zahlungsfähigkeit des Garanten.

Die allgemeinen auf der Rückseite der Schlußnote abgedruckten Bedingungen einer Spezialfirma sowie die angehängten Formulare geben genügende Einsicht in die Technik dieser Versicherungsvermittlung (vgl. Anhang).

Endlich sei auf die Delkredereübernahme im Exportverkehr durch Banken hingewiesen. Im Handel mit Sibirien beispielsweise kommt es häufig vor, daß eine dort ansässige Bank für den Käufer die Haftung übernimmt, ein befreundetes deutsches Bankhaus beauftragt, dem deutschen Exporteur gegenüber die Haftung zu übernehmen. Der Exporteur haftet der deutschen Vermittlungsbank für den pünktlichen

Eingang der Forderung. Durch die Delkredereübernahme wird ihm das Kreditrisiko abgenommen.

Die Garantieübernahme[19] ist ihrem Wesen nach dasselbe wie Delkredereübernahme, d. h. Übernahme einer Bürgschaft für die ordnungsmäßige Erfüllung der Verbindlichkeit eines Dritten. Doch beschränkt der kaufmännische Sprachgebrauch den Ausdruck Delkredere in der Hauptsache auf das Warenkreditgeschäft, während das Wort Garantieübernahme ein Spezifikum des Kreditverkehrs in Geld- und Effektenkapital ist: Garantiekonsortium bei der Emission von Anleihen; garantierte Obligationen, Dividendengarantie. Die Ausbietungsgarantie für Hypotheken ist eine Erklärung des Garanten, „er werde die Forderung des Gläubigers (beispielsweise eines Hypothekeninstituts) an Kapital, Zinsen und Kosten bei der Zwangsversteigerung vollständig ausbieten", wogegen der Gläubiger sich verpflichtet, ihm oder unter seiner selbstschuldnerischen Bürgschaft auch einem andern Ersteher das Kapital bis zum Ablauf der ursprünglichen Beleihungszeit unter den eingetragenen Bedingungen zu belassen. Der Garant ist verpflichtet, in dem Versteigerungstermin ein die Forderung des Gläubigers deckendes Angebot abzugeben. Der Hypothekengläubiger wird durch die Garantie davor bewahrt, das Grundstück selbst zu übernehmen, und wird vor Verlusten geschützt, die durch Abgabe zu niedriger Gebote entstehen.

Dem Hypothekenkreditverkehr ist auch die Spitzengarantie eigentümlich: Nach Eintragung eines beispielsweise von einer Hypothekenbank gegebenen Darlehens wird ein Teil abgetrennt, das Hypothekardarlehen in zwei Posten zerlegt, der kleinere, die „Spitze", von einem anderen Interessenten übernommen, um das Risiko der Bank zu vermindern. Bei großen Hypotheken und als Folge des Kreditverkehrs mit Immobilieninteressenten übernehmen Kreditbanken für eine bestimmte Spitze des vom Hypothekengläubiger gewährten Darlehens eine Garantie.

Bei der Lieferungsgarantie übernehmen Kreditbanken für Industriefirmen die Bürgschaft für ordnungsmäßige und rechtzeitige Lieferung von Waren und großindustriellen Bauten (Kriegsmaterial, Kriegsschiffe, Eisenbahnen u. ä.); sie mindern ihr Risiko dadurch, daß die Ratenzahlungen auf die übernommenen Lieferungen bei der bürgenden Bank einzuzahlen sind. Hierher gehören auch die Bürgschaftsverpflichtungen der Kreditbanken für Steuer-, Fracht- und Zollkredite.

Endlich ist auf die Garantieübernahme in Verbindung mit Börsentermingeschäften hinzuweisen. Die Warenliquidationskassen[19], d. s. Abrechnungsstellen für Börsentermingeschäfte in Welthandelsartikeln, dann Banken (in Hamburg die Maklerbank, in Berlin die Kommerz- und Diskonto-Bank für Kupfertermingeschäfte) übernehmen für bestimmte Börsentermingeschäfte, häufig auch für handelsrechtliche Lieferungsgeschäfte, die Garantie für ordnungsmäßige Erfüllung des Geschäftes. Sie treten jedem Kontrahenten (Käufer und Verkäufer) gegenüber als Gegenkontrahenten auf. Käufer und Verkäufer entrichten einen Einschuß als Sicherung des Garanten. Für die geleistete Garantie und die Regulierung der bei dem Garanten verbuchten Geschäfte berechnet dieser eine Provision.

Der Unternehmer kann auf die Überwälzung durch Versicherung verzichten, die Verlustgefahr selbst tragen, aber durch geschäftspolitische Fürsorge die Wirkung solcher Vermögensbestandsverluste auf die Jahre vor dem Eintritt des schädigenden Ereignisses verteilen, indem er alljährlich einen Teil des Reingewinns zurücklegt, mit der Bestimmung, aus diesen Kapitalansammlungen die etwaigen Verluste aus eigenen Mitteln zu decken, d. h. aus dieser Verlustreserve abzubuchen. Durch diese Versicherung „in sich" oder Selbstversicherung wird ein etwa den ersparten Prämien gleichkommender Betrag aus dem Unternehmergewinn ausgesondert, eine Verlustantizipation, die bilanz- und buchtechnisch betrachtet nur eine Buchoperation darstellt. Anstatt die Verluste durch unterlassene Versicherung von einem Kapitalkonto selbst abzubuchen, wird sie von einem Unterkonto des Kapitalkontos — Assekuranzreserve, Versicherungsfonds, Rücklage von Selbstversicherung — in Abzug gebracht. Würden Reservebildung und Versicherung unterbleiben, so würde der Verlust infolge des eingetretenen Risikos vom Jahresgewinn als außerordentlicher Verlust abzubuchen sein. Der Selbstversicherungsfonds ist bei der Einzelfirma eine buchtechnische Spielerei. Bei Gewinnverteilungs- und -Auszahlungsgesellschaften schmälern die Dotationen einer solchen Rücklage den Gewinnanteil der Gesellschafter oder Aktionäre.

Selbstversicherung ist Nichtversicherung. Es wird nicht, wie bei jeder Versicherung, der Vermögensbestandsverlust durch Kapitalersatz aus den Kapitalansammlungen einer Gefahrengemeinschaft, also aus fremdem Vermögen, ausgeglichen. Die Selbstversicherung ist unzweckmäßig, wenn die Prämie im Verhältnis zu dem zu erwartenden oder möglichen Vermögensverlust gering ist. Besser kleine sichere und feste Unkosten als ein unberechenbarer, aber möglicher Vermögensverlust.

Die Risikoverteilung.

Einer der wichtigsten Grundsätze privatwirtschafts-politischer Arbeit ist die Risikoverteilung innerhalb der Unternehmung. Auf die Vernachlässigung dieses für die Privatbankpolitik insbesondere wichtigen Prinzips ist ein großer Teil der Zusammenbrüche und der ungewöhnlich hohen Verluste sowie der Illiquidität der Kreditbanken und einzelner Kreditinstitute zurückzuführen. Leichtsinnige Kreditgewährungen in großen Beträgen an eine Einzelunternehmung führt leicht zu einer Abhängigkeit vom Gedeihen einer Unternehmung, legt beträchtliche Teile der Kapitalien in einem Engagement fest, verbraucht durch notwendig werdende Abschreibungen den Gewinn, in zahlreichen Fällen auch das eigene Kapital. Selbst die enge Verbindung einer Kreditbank mit einem bestimmten Industriezweig und die dadurch bedingte Abhängigkeit des Kreditgebers von der Konjunktur dieser Industrie kann den Keim einer Krisis in sich bergen. Sie ist für eine Kreditbank ebenso gefährlich und ist Großbanken verhängnisvoll geworden, wie die Beschränkung des Wirkungskreises einer Bank auf die Industrie einer bestimmten Gegend (z. B. Schaaffhausenscher Bankverein von 1878 ab). Die Geschichte des in- und ausländischen Bankwesens ist überreich an Beispielen für die folgenschwere Außerachtlassung des Grundsatzes der Risikoverteilung. Es genügt, an die Verluste der Diskonto-Gesellschaft 1873 bei der Dortmunder Union, 1891—1894 bei der Venezuelaer Eisenbahn, an den Zusammenbruch des Crédit mobilier und des Comptoir d'Escompte in Paris (1889), an jenen der Leipziger Bank (1901) zu erinnern. Selbst die deutsche Bankgeschichte der letzten 10 Jahre bietet zahlreiche Beispiele von Fallimenten von Banken und Bankgeschäften, die auf die gleiche Ursache zurückzuführen sind [20].

a) Die örtliche Verteilung des Risikos ist um so leichter durchführbar, je weiter der Aktionsradius einer Unternehmung ist. Die Expansionspolitik der Banken — Errichtung von Zweigniederlassungen, Angliederung (formell-rechtlich) selbständiger Bankunternehmungen, Kommanditierung von Bankhäusern —, ihre weit ausgreifenden internationalen Beziehungen erleichtern die Verteilung. Schwieriger ist sie für Industrie- und Handelsunternehmungen durchführbar, insbesondere, wenn das Absatzgebiet örtlich, die Produktion sachlich beschränkt ist. Die für einen lokalen Bedarf arbeitenden Unternehmungen sind vollständig von der Kaufkraft, den Zahlungssitten, kurz von den örtlichen wirtschaftlichen Verhältnissen abhängig.

b) Eine sachliche Risikoverteilung kommt beispielsweise in der Pflege des regelmäßigen Bankgeschäfts neben den Gründungs- und Finanzierungsgeschäften, in der Verteilung der anlagesuchenden Geldkapitalien auf verschiedene Effektensorten oder auf verschiedene Anlagemöglichkeiten überhaupt zum Ausdruck; wenn eine Bank ihre verfügbaren Kapitalien in Konsortialgeschäften verschiedener Art verwendet, verschiedene Industriezweige durch Geldkredite alimentiert, oder wenn eine Industrieunternehmung in der gemischten Fabrikation, oder ein Handelsbetrieb im Verkauf verschiedenartiger Handelsartikel eine Ausgleichsmöglichkeit gegen die Schwankungen der Konjunktur in den einzelnen Warengruppen sucht.

c) Im Gegensatz zu unbegrenzten Krediten wird eine persönliche Verteilung der Verlustmöglichkeit bedacht sein, die einer Unternehmung gewährten Geld- und Stundungskredite im Einzelfall auf ein geschäftspolitisch vernünftiges Maß zu beschränken. In der Geschäftspraxis ist es kaum möglich, eine allgemein gültige Grenze festzulegen, da die Verschiedenheit der Einzelfälle eine Schematisierung nicht erlaubt. Deshalb erscheint auch eine gesetzliche[21] Bestimmung dieser Grenze nicht annehmbar (vgl. auch S. 51).

d) Auch zeitlich kann das Risiko verteilt werden. Gewinnauszahlungsgesellschaften schaffen durch Gewinnrücklagen, d. h. speziell benannte (Verlust- und Ausgaben-) Reserven, sowie durch übermäßig hohe Abschreibungen in günstigeren Jahren einen Ausgleichsfonds für wirtschaftlich ungünstigere Geschäftsperioden. Auch die Abschreibungen auf Anlagevermögensteile können als zeitliche Verteilung der in Aussicht stehenden Verluste durch Unbrauchbarkeit angesehen werden (Antizipation des Verlusts auf die Dauer der Benutzung).

e) Die Risikoverteilung bietet die Möglichkeit des Risikoausgleichs „in sich". Es handelt sich bei dieser Maßnahme um Ausgleichsgeschäfte, wodurch die aus einer geschäftlichen Transaktion drohenden Verluste durch Abschluß von gewinnbringenden Gegengeschäften kompensiert werden sollen. Die Ausgleichstendenz durch sachliche Verteilung des Risikos wurde erwähnt. Die Beteiligung von Rohstoff verarbeitenden Betrieben an Rohstoff liefernden Unternehmungen oder weiterverarbeitenden Industrien soll bei ungünstiger Preisgestaltung der Rohmaterialien im

Wege der Kapital- und Gewinnbeteiligung einen gewissen Ausgleich schaffen; umgekehrt will der Rohstofflieferant an den Preiserhöhungen der Fabrikate seines Abnehmers durch Kapitalbeteiligung in gewissem Grade partizipieren.

Auch dem Effektenhandel sind solche Ausgleichsgeschäfte nicht fremd. So werden Termingeschäfte beispielsweise durch Blankoverkäufe in irgendeinem Terminpapier abgeschlossen, um für das auf dem eigenen Wertpapierbesitz lastende Kursrisiko einen Gegenposten zu schaffen. Der à la hausse engagierte Käufer von Termineffekten verkauft eine entsprechend große Menge solcher Wertpapiere à la baisse, wenn die Kurse dieser Papiere sinken, um den Verlust dieses spekulativen Kaufes durch Gewinn des spekulativen Verkaufes auszugleichen. Die gleiche Tendenz verfolgt die „Umwandlung" von Prämiengeschäften [22], wenn der Bankier (Prämienhändler, Prämienmakler) seinem auf Prämien spekulierenden Kunden als Gegenkontrahent auftritt.

Ein Emissionshaus übernimmt Aktien zur Einführung an die Börse; die Kurse sinken. Es besteht die Gefahr, daß der Einführungskurs unter dem Übernahmekurs angesetzt werden muß, um die Aktien an den Markt zu bringen. Verkauft nun das Emissionshaus eine Menge des führenden Spekulationspapieres jenes Marktes, dem die einzuführenden Aktien angehören, in blanko auf Termin und tritt die befürchtete Kurssenkung ein, so wird die Emissionsbank für einen Verlust beim Emissionsgeschäft durch den Gewinn aus dem Baisseengagement entschädigt [23].

Der Unternehmer kann durch entsprechende Maßnahmen eine gleichmäßigere Verteilung der Risiken innerhalb der Unternehmung und damit bis zu einem gewissen Grade einen Risikoausgleich bewirken; z. B. Vermeidung eines zu großen Kassenbestandes wegen der Gefahr der Unterschlagung, richtiges Verhältnis zwischen Betriebsmitteln und kurzfristigen bzw. sofort fälligen Verbindlichkeiten, um die Gefahr der Illiquidität zu beschränken; angemessene Relation zwischen Anlage- und Betriebsvermögen im Verhältnis zur Größe des Betriebes und des Umsatzes, wodurch die Gefahr übermäßig hoher Selbstkosten im Vergleich zu jenen der Mitbewerber und die Gefahren zu großen toten Kapitals verringert werden.

Kapitalgesellschaften finden in der Dividenden-, Abschreibungs- und Bilanzpolitik ein geeignetes Mittel, Fürsorge für den Ausgleich der Rentabilitätsschwankungen zu treffen: Schaffung offener und stiller Reserven als Sicherungs- und Ausgleichsfonds.

Teilung des Risikos.

Die Durchführung geschäftlicher Transaktionen kann einen derartig großen Kapitalaufwand erforderlich machen, daß die Einzelunternehmung sich nicht als genügend kapitalkräftig erweist, das Risiko eines solchen Geschäftes allein zu tragen. Es tritt eine Teilung unter mehreren Kontrahenten, die Verteilung der Vermögensverlustgefahr auf mehrere Unternehmungen ein. a) Die Verteilung des Risikos kann eine primäre sein, wenn das Unternehmen von vornherein auf gemeinsame Rechnung und Gefahr durchgeführt wird, wie beispielsweise Meta-Operationen, Konsortialgeschäfte im Bankgewerbe; die Gewährung von Millionen-Hypotheken auf ein Grundstück durch ein Konsortium in- und ausländischer Hypothekenbanken und Versicherungsinstitute, oder die Übernahme hoher Versicherungen durch einen Konzern von Versicherungsgesellschaften. Jeder Handelsgesellschaft liegt die Idee der Verteilung des Unternehmungsrisikos auf die einzelnen Mitglieder der Gesellschaft zugrunde (vgl. S. 19).

b) Durch die sekundäre Verteilung werden gewissermaßen Unterbeteiligungen am Gewinn und Verlust gewährt. Am wirksamsten ist diese Verteilung und Überwälzung in der Rückversicherung des Versicherungsgewerbes durchgeführt, wo der Versicherer das Risiko aus dem Versicherungsvertrage auf eine bestimmte Summe beschränkt und den das selbstgewählte Risikomaximum überschreitenden Betrag durch Rückversicherung bei anderen Versicherungsinstituten deckt. Die Rückversicherer ihrerseits überwälzen wiederum einen Teil des von ihnen übernommenen Risikos durch Rückversicherung, so daß man von einer „Atomisierung" der Versicherung gesprochen hat. So weit geht man in anderen Erwerbszweigen nicht. Im Bankgewerbe findet sich die sekundäre Verteilung im Konsortial- und Hypothekengeschäft. Mehrere dauernd oder gelegentlich gemeinschaftlich operierende Banken (Bankgruppen, Hauptkonsortium) vereinbaren untereinander ein Gebot auf eine beabsichtigte Aktien- oder Anleiheemission sowie die Quotalbeteiligung (primäre Teilung) bei erlangtem Zuschlag. Einzelne Syndikatsmitglieder bilden ihrerseits Unterkonsortien, indem das Mitglied des Hauptkonsortiums von seiner Beteiligung an dem Emissionsgeschäft Quoten an seine Unterbeteiligten abtritt, die somit am Erfolg oder Mißerfolg der Emission im Verhältnis ihrer Unterbeteiligungen partizipieren. Die Beteiligung ausländischer Banken am Emissionsgeschäft führt zu einer „Internationalisierung des Risikos", zu einem internationalen Gefahrenausgleich durch Verteilung, wie sie sonst nur im Versicherungsgewerbe anzutreffen ist.

Die enorme Steigerung der Grundstückspreise in bedeutenden Verkehrsstraßen der Großstädte, insbesondere in Berlin, die Budung großkapitalistischer Detailhandelsgeschäfte — Waren- und Kaufhäuser — brachte es mit sich, daß Millionen-Hypotheken auf ein Grundstück nicht mehr zu den Seltenheiten gehören. Die Gefahren solcher Millionenbeleihungen auf Gebäudewerte, die nur so lange ihren großen Wert behalten, so lange der Geschäftsbetrieb in diesem Gebäude aufrechterhalten werden kann, wird zunächst durch primäre Verteilung, wie oben angedeutet, vermindert. Einzelne Banken oder Bankkonsortien, hauptsächlich jene, welche das Baugeld gegeben hatten, übernehmen die Garantie für die „Spitze" der Hypothek, decken sich jedoch durch Rückbürgschaft eines Versicherungskonzerns (vgl. S. 34).

Dem Versicherungsgewerbe ist eine andere Form der Teilung des Risikos unter den Vertragsparteien eigentümlich: die Selbstbeteiligung des Versicherten am Risiko, wie sie unter der Bezeichnung „Franchise" in der See- und Transportversicherung bekannt ist. In anderen Zweigen der Versicherung übernimmt der Versicherer nur einen Teil des Risikos, z. B. in der Kreditversicherung bis 75 % der Debitorensumme, den Rest („Eigenrisiko") läuft der Versicherte selbst, d. h. es wird nur ein quotaler Anteil am Verlust durch Kapitalabfindung ersetzt, eine Maßnahme, die die geschäftliche Vorsicht des Versicherungsnehmers steigern soll (vergl. S. 31).

Im deutschen Genossenschaftswesen hat sich ein System der Risikoverteilung (und -teilung) ausgebildet, das als Spezifikum des Kollektivkredits anzusprechen ist, jener Kreditform, durch die kreditschwache oder kreditarme Elemente vereinigt werden, um durch Assoziation und Solidarhaftung die Kreditbasis zu erweitern; wir meinen die Bildung von Verbandskassen und ihre Beziehungen zur Preußischen Zentral-Genossenschaftskasse. Die örtlichen Genossenschaften übernehmen bei der Verbandskasse Anteile und Haftsummen, machen damit das Vermögen ihrer eigenen Mitglieder in Höhe der bei der Verbandskasse übernommenen Beträge dieser und ihren Gläubigern haftbar. Der Kredit der Verbandskassen beruht mittelbar auf dem Vermögen der den Einzelgenossenschaften angeschlossenen Personen. Das eigene Vermögen der Verbandskasse ist als Kreditunterlage unzureichend. Durch ihre banktechnische Anlehnung an ein Zentralinstitut, die Preußenkasse, erhalten die Verbandskassen auf Grund der Haftpflichtsummen einen ungedeckten Kredit in laufender Rechnung und einen Wechseldiskontkredit (Tratten der Verbandskasse auf die Einzelgenossenschaft, zahlbar bei der Zentral-Genossenschaftskasse). Die Verbandskassen erhalten Geldkredit auf Grund der Haftpflichtsummen, geben Darlehen an die angeschlossenen Genossenschaften, die ihrerseits wiederum diese Gelder an ihre Mitglieder weitergeben, immer auf Grund der Haftpflichtsumme. Das Risiko dieser Kreditgewährung liegt in der Haftpflichtsumme: ob die finanziellen Qualitäten der Mitglieder derartige sind, daß im Notfalle mit dem Eingang der übernommenen Haftsummen gerechnet werden kann.

Die Sicherstellung.

Die Sicherstellung des zukünftigen Rückforderungsanspruchs [1]) bzw. der Forderung durch spezielle Deckung oder Pfandsicherung ist von besonderer Wichtigkeit als Mittel des individellen Kreditschutzes im Bankverkehr. Stundungskredite für Abgaben aller Art — Steuern verschiedener Art, Zölle, Verbrauchsabgaben, wie Schaumweinsteuer, Branntweinsteuer —, die gestundeten Vergütungen für Transportleistungen (Frachtkredite) sind stets speziell gedeckt. Die Stundungskredite im Waren- und Fabrikhandel durch spezielle Deckung zu sichern, ist im allgemeinen nicht üblich; auch die Mehrzahl der den Banken gewährten Geldkredite ist nicht speziell gedeckt (Obligationen, Scheckeinlagen, Kontokorrent- und Depositengelder).

An sich ist jeder Kredit durch die Gesamtheit des Vermögens des Kreditnehmers „gedeckt“. Bei einem „speziell gedeckten“ Kredit wird ein bestimmter Vermögensteil aus dem Gesamtvermögen des Schuldners zur ausschließlichen Befriedigung eines Gläubigers für eine bestimmte Forderung ausgesondert. Insoweit der etwaige Erlös aus dem Pfand zur Deckung dieser Forderung nicht ausreicht, steht dem Gläubiger ein Forderungsanspruch an jenem Rest des Gesamtvermögens zu, der nicht zur speziellen Sicherung anderer Forderungen anderer Gläubiger dient. Je größer die Summen der speziell gesicherten Forderungen sind, um so ungünstiger wird die Stellung der nichtprivilegierten Gläubiger, weil der Rest des verfügbaren Vermögens immer kleiner wird. Da die Banken es verstehen, durch neue Formen der Kreditsicherung — Sicherungsübereignung des Warenlagers, Beleihung von Buchforderungen — in zunehmendem Maße ihre Geldkreditforderungen gegen Ausfälle bei einem

---

[1]) Ähnlich werden Lieferungs- und Leistungsansprüche durch Kautionen (Vadien) sichergestellt.

etwaigen Vermögensverfall des Schuldners zu sichern, so kann man sagen, daß die Kreditsicherung für Stundungskredite der Lieferanten von Warenkapital in jeder Form — Handelswaren, Rohstoffe, Hilfsmaterialien — in gleichem Maße abnimmt. Dabei darf nicht übersehen werden, daß die wirtschaftlichen Verhältnisse der Produzenten ungünstiger sind als jene des Warenhändlers. Der Warenhändler, dessen Tätigkeit in der Anschaffung und Weiterveräußerung von Waren in unveränderter Gestalt besteht, der Zwischenhändler findet für den von ihm gewährten Stundungskredit eine primäre Deckung in den unverkauften Warenbeständen oder in den Buch- und Wechselforderungen (auf Grund verkaufter Waren) des Kreditnehmers, eine Sicherung, die in normalen Zeiten des Kredit- und Geschäftsverkehrs und jenen Abnehmern gegenüber genügt, denen Treu und Glauben mehr gelten als eine papierne Form. Diese moralischen Sicherheiten müssen durch Befolgung der alten Geschäftsregel ergänzt werden, die vorschreibt: daß der in Anspruch genommene Kredit dem gegebenen adäquat sein soll nach Größe, Laufzeit und Sicherheit. Kaufleuten, welche die zur Deckung von Warenschulden bestimmten Vermögensgegenstände zur Sicherstellung anders gearteter Kredite verwenden, muß der traditionell sicherungslose Stundungskredit für Warenkapital versagt werden.

Die wirtschaftlichen Verhältnisse des Produzenten — Produktion = Anschaffung, Bearbeitung bzw. Verarbeitung und Weiterveräußerung — sind in mehrfacher Hinsicht schwieriger. Wenn ein Metallhändler für 30000 M. Metall auf 4 Monate Ziel einkauft und er verkauft diese Rohstoffe allmählich gegen Stundung des Verkaufspreises, so werden seine kreditwirtschaftlichen Maßnahmen fast ausschließlich durch Verkaufsschnelligkeit — Umsatzschnelligkeit, Menge der einzelnen Verkäufe und Zeitraum bis zum vollständigen Verkauf der Gesamtmenge — und die Kreditfristen der Verkäufe bestimmt. Wenn hingegen ein Metallwarenfabrikant dieselbe Menge Metall als Rohstoff für seine Produktion anschafft, unter den gleichen Bedingungen wie der Metallhändler kauft, so kommen für ihn neben der Lagerdauer für diese Rohstoffe und neben der Umsatzschnelligkeit für die Fabrikate und die Kreditfristen für die Verkäufe auch noch die Produktionsdauer der Fabrikate hinzu. Vom Selbstkostenpreis der Erzeugnisse ist, sofern die Produktionsdauer noch innerhalb der Kreditfrist für die Rohstoffe liegt, mindestens jener Teil vor dem Verkauf der Fabrikate bar zu zahlen, der auf Arbeitskosten und die Betriebsunkosten allgemeiner Art entfällt. Noch ungünstiger ist es, wenn die Kreditfrist für Materiallieferungen kürzer ist als Umsatzschnelligkeit und Produktionsdauer. Der Produzent muß — das bedarf keiner weiteren zahlenmäßigen Begründung — entweder über verhältnismäßig größere eigene Mittel — Kapitaleinlage und Kapitalproduktion durch unverbrauchten Reingewinn — verfügen, oder einen die Geldkapitallücke füllenden Bankkredit in Anspruch nehmen. Sozialwirtschaftlich betrachtet heißt dies: Bei fortschreitender Industrialisierung eines Landes muß entweder die Zahl der Kollektivbetriebe mit besonderer Bevorzugung der Kapitalassoziationen in der Form der Aktienvereine oder der G. m. b. H zunehmen, oder bzw. und die Bankkredite müssen immer größere Bedeutung und stets wachsenden Einfluß auf das Wirtschaftsleben eines Volkes gewinnen. Dabei ist kein Unterschied zu machen, ob die Bankkredite zur Beschaffung von Anlagevermögen oder zur Ergänzung des Betriebsvermögens dienen. In Großstädten, wo die Zahl der großbetrieblichen Detailhandelsgeschäfte mit ihren Verkaufspalästen und ihren Massenzweiggeschäften in den belebtesten, daher teuersten Verkehrsgegenden zugenommen hat, läßt sich auch für den Warenhandel feststellen, in welch hohem Maße Banken an Unternehmungen des Zwischenhandels „beteiligt" sind. Da nun Bankgelder (Kredit- und Beteiligungskapital) nur selten nicht speziell gesichert sind, so kann man im allgemeinen behaupten, daß die kreditwirtschaftliche Lage der Warengläubiger im deutschen Wirtschaftsgebiet ungünstiger geworden sein muß. Kommen noch hinzu das Versagen des gesetzlichen Gläubigerschutzes, die „Gläubigernot", die „Schiebungstechnik", der Kredithunger, die Rücksichtslosigkeit einzelner Banken andern Mitgläubigern gegenüber und manches andere.

Nach diesem allgemeinwirtschaftlichen Ausblick zurück zur privatwirtschaftlichen Betrachtung der speziellen Kreditsicherung [1]). Sie kann erfolgen: a) durch Bargeld, wie die Sicherung im Effektenbörsentermingeschäft durch Bareinschuß in Prozenten des Kurswertes (bis 45 %).

b) Durch Verpfändung von Wertpapieren (Effekten) mit oder ohne Börsennotierung, wobei die Kreditsicherung einen vereinbarten Bruchteil des Wertes der Papiere, beispielsweise 50 %, 75 % usw. ausmacht. Die Hinterlegung von Wertpapieren als Pfandsicherung kann bei einem einfachen Darlehnsgeschäft erfolgen (aktives und passives Effektenlombardgeschäft der Banken), ist auch üblich beim Kontokorrentkredit-

---

[1]) Wegen der gesetzlich möglichen Sicherheitsleistungen vgl. §§ 232 f. BGB., wegen des Pfandrechts an beweglichen Sachen und an Rechten §§ 1204 f., wegen der Hypothek §§ 1113 ff. BGB.

geschäft, kann aber auch in Verbindung mit einem andern Geschäft als sekundäres Begleitmoment stehen, beispielsweise bei Effektenkommissions- und Spekulationsgeschäften. Hierher zählen auch Report- und Ultimogelder als Mittel der Hinausschiebung der Realisation von Börsentermingeschäften [21].

c) Durch Verpfändung anderer Wertpapiere wie Hypothekenbriefe, Sparkassenbücher, Schuldbucheintragungen, Lebensversicherungspolicen, sowie Verpfändung von Buchforderungen („Diskontierung"), endlich Hingabe oder Verpfändung von Wechseln und Verpfändung zukünftiger Geldansprüche, beispielsweise aus einer Erbschaft.

d) Verpfändung von Waren (Kaufmannswaren, wozu auch Edelmetalle gezählt werden sollen), und zwar: 1. bereits eingekaufter und lagernder Waren: Warenlombardgeschäft im Bankverkehr mit der Reichsbank, mit Kreditbanken und Warenkreditanstalten; 2. eingekaufter und schwimmender bzw. rollender, also auf dem Transport befindlicher Waren: Bankrembourse im Importverkehr mit Sicherung durch die Verladungsdokumente; 3. Verpfändung einzukaufender Waren: das Vinkulationsgeschäft, insbesondere im russisch-deutsch-österreichischen Getreide- und Eierimport; 4. Verpfändung verkaufter und schwimmender Waren im überseeischen Exportverkehr und Sicherung durch die Konnossemente und Tratte auf den Käufer gegen Annahme oder Zahlung der Tratte; 5. Verpfändung von Gegenständen des täglichen Gebrauchs, wie Schmuck, Möbel u. dgl., das bürgerliche Pfandleihgeschäft; 6. die Sicherungsübereignung von Warenlagern.

e) Sicherung durch Bürgschaft eines Dritten, d. i. Bürgschaft im bürgerlich-rechtlichen Sinne, und bürgschaftsähnliche Maßnahmen wie die Garantieübernahme für Erfüllung, beispielsweise durch Maklerbanken [25] und Liquidationskassen im Warentermingeschäft, Spitzengarantie der Kreditbanken im Hypothekenverkehr.

f) Sicherung durch Einkauf des Kreditnehmers in eine Lebensversicherungsanstalt auf Kosten des Schuldners.

g) Der Sicherung eines Darlehns (Restkaufgeld, Baugeld, Baustellengeld, Betriebskredit) dienen die Verkehrs- und die Sicherungshypothek sowie die Grundschuld.

Auf die technischen Einzelheiten der einzelnen Sicherungsformen [26] ist hier nicht einzugehen. Die Sicherheit des Kreditgebers ist graduell verschieden nach der Art der gewählten Sicherung. Jede der angeführten Sicherungsformen birgt Gefahren in sich, beispielsweise: die Gefahr der

Illiquidität durch Unverkäuflichkeit des Pfandes und durch die vertragliche Bindung während der Kreditdauer; eine Gefahrenerhöhung durch Minderung der Sicherheit infolge Entwertung des Pfandes, ein Risiko, das in normalen Zeiten, d. h. unter Ausschluß der Krisen- und Kriegszeiten, auf Null reduziert werden kann, sofern die Spannung zwischen Kreditbetrag und Sicherungsbetrag, die „Einschußquote" des Pfandes möglichst hoch bemessen wird; die Gefahr des Verderbens, des Unterganges, des Verlustes des Pfandes, der Uneinbringlichkeit der Bürgschaftsforderung beim Bürgen; Gefahr der unrichtigen oder unzuverlässigen Wertermittlung des Pfandes und dementsprechend die Gefahr geringerer Sicherheit wegen zu hoher Beleihung; die Gefahr der Uneinbringlichkeit des durch den Verkaufswert des Pfandes nicht gesicherten Teils des Kreditbetrages u. a. m. Die Bedingungen des Kreditvertrages, gestützt auf gesetzliche Bestimmungen, müssen entsprechende Sicherungskautelen gegen die verschiedenen Gefahren der pfandgesicherten Kredite im Interesse der Beteiligten (Kreditgeber, -nehmer und dessen Gläubiger, Erwerber der Sicherheitspfänder) schaffen.

Für den Pfandschuldner (den Kreditnehmer) ist unter den Gefahren jene einer unrechtmäßigen Verwendung des Pfandes durch den Pfandnehmer, wie Weiterveräußerung, Unterschlagung, Weiterverpfändung, relativ die größte. Hierzu kommt die Gefahr unsachgemäßer Behandlung des Pfandes, die Beschränkung der Verfügungsgewalt über die ihrem wirtschaftlichen Zweck entzogenen Pfänder (z. B. Waren, Effekten). Für die Wirksamkeit der Pfandsicherung von besonderer Bedeutung ist eine geordnete Rechtspflege, d. h. ein gesetzlich gesichertes und wirksames Pfandrecht, wobei die Beachtung der formellen Erfordernisse des Gesetzes eine Rolle spielt.

Eine besondere Beachtung verdient die Gefahr der Inanspruchnahme übermäßiger Kredite, etwa durch übermäßig hohe Spekulationskredite bei einer Bank, übermäßig hohe Warenkredite bei mehreren Lieferanten oder Kreditverbindung mit mehreren Banken, wobei die Gesamtsumme der Kredite für die kreditnehmende Unternehmung über die privatwirtschaftlich zulässige Grenze weit hinausgehen kann. Als wirksames Gegenmittel gegen diese Gefahren, die auch sozialwirtschaftliche Schädigungen mit sich bringen können, hat sich die ständige Revision der Geschäftsbücher durch unabhängige Organe des Kreditgebers (Revisionsgesellschaften, Bücherrevisoren) sowie eine ständige Vertretung im Aufsichtsrat der mit Kredit alimentierten Unternehmung erwiesen (beispielsweise Bankvertreter im Vorstand oder Aufsichtsrat einer Industrie-Aktiengesellschaft). Ein brauchbares, d. h. wirksames Mittel der Sicherung der Geldkredite wäre auch die Kontrolle der Verwendung der Kreditgelder, die jedoch nur in einzelnen Fällen durchführbar, beispielsweise von der Deutschen Bank bei der Gewährung eines Buchforderungsdiskonts eingeführt ist, indem diese Bank Verfügungen über die lombardfähigen Summen auf beliehene Forderungen nur für Lohnzahlungen und für Zahlungen an Warenlieferanten zuläßt. Eine ähnliche Kontrolle wird von Kreditinstituten bei der Gewährung von Baugeld geübt.

Auf ein drastisches Mittel der Selbsthilfe sei noch hingewiesen: Die öffentliche Ausbietung uneinziehbarer, vielleicht auch ausgeklagter Forderungen in Tageszeitungen mit Namensangabe des Schuldners, eine vom strafrechtlichen Standpunkt aus nicht ganz unbedenkliche Form, gefährlich für den Gläubiger wegen der Bestimmungen der §§ 824, 826 BGB. und §§ 185, 186 StrGB. Dem Gläubiger steht zwar der Schutz des § 193 StrGB. (Wahrnehmung berechtigter Interessen) zur Seite, doch bedarf die Anwendung dieses Selbstschutzes besonderer Geschicklichkeit und Vorsicht. (Vgl. Soergel, Jahrbuch für Strafrechtsentscheidungen 1911, S. 46; wegen der Androhung, man werde die Forderung gegen den Schuldner öffentlich und unter Namensangabe ausbieten vgl. die Reichsgerichtsentscheidung, zitiert in der Juristischen Wochenschrift 1907, S. 552).

Auf die Sicherungsübereignung muß noch ausführlicher eingegangen werden. Es ist ein Mittel der Risikosicherung und selbst wiederum Quelle eines bedeutenden aktiven Kreditrisikos.

Als Kreditsicherung im Wege der Verpfändung beweglicher Sachen dienen in der Regel nur solche Sachen, deren Besitz der Schuldner für eine gewisse Zeit entbehren kann. Denn zur Bestellung eines Pfandrechtes ist erforderlich, daß der Eigentümer die Sache dem Gläubiger übergibt, den Besitz auf den Gläubiger überträgt, um einem fraudulosen Schuldner die Möglichkeit zu nehmen, dieselbe Sache mehrmals zu verpfänden (§ 1205 BGB.). Sollen Gegenstände zur Sicherstellung eines Gläubigers, d. h. zur bevorzugten Befriedigung dieses Gläubigers herangezogen werden, deren Besitz dem Schuldner unentbehrlich ist, so muß hierfür eine Rechtsform gefunden werden, die wirtschaftlich den gleichen Erfolg erzielt wie das bürgerlich-rechtlich nicht zulässige Pfandrecht: die Sicherungsübereignung [27]. Der Schuldner verbleibt im Besitz der Sachen, mit denen er dem Gläubiger Sicherheit leisten will. An Stelle körperlicher Übergabe des Gegenstandes wird ein Rechtsverhältnis vereinbart, vermöge dessen der Erwerber den mittelbaren Besitz erlangt (§ 930 BGB.). Der Schuldner als bisheriger Eigentümer der zur Sicherung einer Forderung dienenden Sache überträgt das Eigentum auf den Gläubiger, verbleibt jedoch in deren unmittelbarem Besitz, aber nunmehr als Verwahrer, Leiher, Mieter o. ä. Die Verpfändung ist nicht erkennbar.

Die Sicherungsübereignung tritt in zwei Formen auf. 1. Sicherungskauf. Typisch sind die Geschäfte der Brauereien mit den Gastwirten (und Cafetiers). Die Brauerei gewährt dem kapitalarmen Gastwirt ein Darlehen. Dieser kauft um den gleichen Betrag die Einrichtung des Geschäfts. Der Darlehnsgläubiger kauft vom Schuldner die Geschäftseinrichtung, die ihm Sicherheit leisten soll, zurück. Kaufpreis und Darlehen werden gegeneinander aufgerechnet und es wird ausdrücklich oder stillschweigend vereinbart, daß trotz der Aufrechnung die Darlehnsforderung weiter bestehen solle. Der Gastwirt verpflichtet sich zum Bierbezug auf eine bestimmte Zeit und häufig außerdem zum Rückkauf der Einrichtung, an der sich die Brauerei das Eigentumsrecht vorbehält. Der Rückkaufspreis wird durch einen Bieraufschlag getilgt.

2. Bei der sogenannten abstrakten Sicherungsübereignung wird kein Kauf fingiert. Schuldner und Darlehnsgläubiger vereinbaren die Übereignung der Gegenstände in der angegebenen Weise. Schon im gewöhnlichen bürgerlichen Verkehr ist die Sicherungsübereignung eine altbewährte Domäne für Kreditschwindler und deren Helfershelfer. Größere Bedeutung für den kaufmännischen Geschäftsverkehr haben diese wirtschaftlich äußerst bedenklichen Formen der Kreditsicherung in den letzten Jahren durch Sicherungsübereignung der Warenlager gewonnen. Der Warenhändler als Schuldner übereignet in Bausch und Bogen (ohne Inventarisierung, selten stückweise) die gesamten Waren seines Lagers zur Sicherheit durch Übertragung des mittelbaren Besitzes, kann sie aber, da er Inhaber des Geschäfts geblieben ist, im regelmäßigen Geschäftsbetrieb weiterveräußern. Der Schuldner ist verpflichtet, an Stelle der verkauften Waren neue Waren zur Ergänzung des Lagers und Erhaltung der Sicherheit anzuschaffen, und auch diese Waren unterliegen dem Eigentum des Kreditgläubigers ohne Besitzübertragung, dessen Eigentum allerdings nur bis zur Tilgung der Schuld dauert. Das Verfügungsrecht des Schuldners wird bisweilen im Interesse der Sicherheit des Gläubigers beschränkt; Verkäufe nur gegen Barzahlung oder auf kurzes Ziel; nicht unter einem bestimmten Preis; Kreditverkauf bis zu einer bestimmten Höhe; Über-

antwortung der eingegangenen Geldbeträge an den Gläubiger zwecks allmählicher Tilgung seiner Forderung.

Auf die rechtliche Zulässigkeit der verschiedenen Formen der Sicherungsübereignung, auf die Reformvorschläge von Vertretungen des Handels soll hier nicht näher eingegangen werden, ebensowenig auf die Frage, wann ein derartiges Rechtsgeschäft den Tatbestand des Anfechtungsgesetzes oder einer unerlaubten Handlung erfüllt. Das Reichsgericht hat wiederholt entschieden, daß Verträge, durch die ein bisher selbständiger Geschäftsmann seine gesamten gegenwärtigen und zukünftigen Waren und Außenstände einem einzelnen Gläubiger überträgt und sich diesem gegenüber derart bindet, daß er vollständig in dessen Hände gegeben ist, gegen die guten Sitten verstoßen und deshalb dem Schuldner gegenüber nichtig sind (vgl. Recht 1914, S. 3004; 1915, S. 167).

Man wird diese eigenartige Kreditsicherung nicht a limine als wirtschaftlich unzulässig verwerfen können. Sie bietet einem strebsamen aber kapitalarmen Kaufmann immerhin die Möglichkeit, sich Kreditkapital zu verschaffen. Bedenklich ist das Verschweigen der Übereignung, wodurch andere Gläubiger veranlaßt werden, Kredit im Glauben auf die Zahlungsfähigkeit des Schuldners zu geben. Die weitgehende Bevorzugung eines Einzelgläubigers zuungunsten der übrigen Kreditgeber durch heimliche Entziehung der Deckungsmittel dergestalt, daß neben sonstigen Sicherheiten auch die gegenwärtigen und zukünftigen Waren (und Forderungen) überlassen werden, widerspricht den guten Sitten, wenn die Vereinbarung absichtlich (vertraglich) geheim gehalten wird. Die Pflicht der Offenbarung besteht mindestens gegenüber jenen Kreditgebern, deren Forderungen erst nach Übertragung des gesamten Geschäftsvermögens auf den Gläubiger entstanden sind. Für diese Kreditgeber ist keine Deckung vorhanden. Das Reichsgericht hat erkannt, daß in einem solchen Falle der durch den Vertrag begünstigte Gläubiger den andern Gläubigern zum Schadenersatz verpflichtet ist (§ 826 BGB.; vgl. Reichsgerichtsentscheidung vom 27. Oktober 1913, VI 273/13).

Eigentumsverschiebungen zugunsten eines Einzelgläubigers können zu einer Schädigung der andern Gläubiger führen. Viel schlimmer jedoch sind die Eigentumsverschiebungen zugunsten eines Schuldners, mit dem Zweck, Vermögensgegenstände dem Zugriff der Gläubiger zu entziehen, unlautere Machinationen böswilliger Schuldner, die unter geschickter Ausnutzung gesetzlicher Bestimmungen zu einer Entrechtung der Gläubiger, zu einer „Gläubigernot“ [28] führen muß. Einige Beispiele: a) Das deutsche

Recht kennt kein Verbot der Schenkungen unter Eheleuten. Es steht dem Ehemann jederzeit frei, sein ganzes Vermögen an seine Ehefrau zu verschenken; zwei Jahre nach der Schenkung ist die Zuwendung, von einzelnen Fällen abgesehen, unanfechtbar geworden. b) Ein in Konkurs geratener Kaufmann läßt das Geschäft von seiner Ehefrau übernehmen, betreibt es auf ihren Namen als deren „Generalbevollmächtigter" weiter. Auch die Ehefrau kommt in Konkurs; der Generalbevollmächtigte verkauft das seiner Ehefrau gehörige Warenlager usw. an seinen minderjährigen Sohn mit Zustimmung des Pflegers und der Vormundschaftsbehörde. Oder die Ehefrau schlägt die Erbschaft nach ihrem verstorbenen Ehemanne aus, um nicht dessen Schulden übernehmen zu müssen. c) Fraudulose Schuldner, die eine Pfändung oder den Ausbruch des Konkurses zu gewärtigen haben, benutzen den Mangel der Erkennbarkeit der Übertragung durch Sicherungsübereignung, um noch vor Eintritt der Katastrophe einem Dritten das Geschäfts- und Hausmobiliar zu überschreiben, ohne daß ein Kreditverhältnis vorliegt. Der Vertrag wird mit Rücksicht auf die Anfechtungsfrist vordatiert.

Die Beschränkung der Verlustgefahr.

a) Die Beschränkung der Vermögensverluste auf einen im voraus bestimmten Höchstbetrag wäre ein Ideal, dem nur der vollständige Ausschluß eines Risikos gleichzustellen wäre. Jedoch verfügt die Verwaltungstechnik nicht über zahlreiche Maßnahmen dieser Art. Abgesehen von der Gefahrenübernahme durch andere gegen Entgelt (Versicherung) — wo im ungünstigsten Falle der Vermögensverlust sich auf die Prämienzahlungen beschränkt und, soweit nur ein Teil des Risikos versichert werden kann, sich auf den unversicherten Restbetrag erstreckt, im Falle des Versagens des Versicherers aber das ganze Risiko vom Versicherten zu tragen ist — haben Handelstechnik und Gesetz einzelne Geschäfts- und Unternehmungsformen geschaffen, die eine Beschränkung der Verlustgefahr im angegebenen Sinne ermöglichen.

Im Handel mit Welthandelswaren und mit Wertpapieren gibt es eine bestimmte Art von Spekulationsgeschäften mit der Tendenz, das Konjunkturrisiko nach oben zu beschränken, ohne die Gewinnchance zu begrenzen: die Prämiengeschäfte[29]. Es sind bedingte, hauptsächlich Zeit- oder Termingeschäfte, bei denen der Verkäufer oder der Käufer durch sofortige oder nachträgliche Zahlung eines Prämienbetrages bzw. durch Bewilligung eines höheren oder niedrigeren Vertragskurses das

Recht erwirbt, vom Vertrag zurückzutreten oder dessen Inhalt zu seinen Gunsten infolge einer der Spekulation entgegengesetzten Preisbewegung zu ändern. Hier wirkt die Prämie wie eine Preisversicherung. Der Spekulationsverlust beschränkt sich in seinem Höchstbetrag auf die bezahlten oder zu zahlenden Prämien.

Das Gesellschaftsrecht hat einige Formen der Kapitalvereinigungen geschaffen, die es dem einzelnen ermöglichen, für die Verbindlichkeiten einer Unternehmung in beschränktem Maße zu haften. Hierher sind alle Unternehmungsformen zurechnen, bei denen rechtlich oder wirtschaftlich die Beteiligung auf einen bestimmten Betrag beschränkt werden kann: die Kommanditgesellschaft, die eingetragene Genossenschaft mit beschränkter Haftung, die Gesellschaft mit beschränkter Haftung und mit beschränkter Nachschußpflicht; dann die Gesellschaften mit festem Grundkapital ohne Nachschußpflicht: die Aktienvereine, die G. m. b. H. mit festem Stammkapital ohne Nachschußpflicht. Ob mit der Beschränkung des Verlustes des Beteiligungskapitals auf einen bestimmten Höchstbetrag eine Beschränkung der Kreditmöglichkeit der Unternehmung verbunden ist oder nicht, ist hier gleichgültig (S. 19). Der beschränkten Haftpflicht ist wirtschaftspolitisch die Garantieübernahme (S. 34) durch einen Bürgen gleichzustellen.

Im Kreditverkehr ist das Einzelrisiko beschränkt auf den Stundungsbetrag; in seiner Gesamtheit ist die Verlustmöglichkeit durch Kreditierung beschränkt durch die Summe der gegebenen Kredite. Dieser Höchstbetrag erfährt eine Minderung durch spezielle Deckung der Forderungen bei Geld- und Stundungskrediten, durch Anzahlungen bzw. Teilzahlungen vor Ablieferung der Waren und Wertpapiere (beim Stundungskredit), deren Höhe sich nach Handelsgebräuchen und Vereinbarungen bemißt. Eine Minderung der Verlustmöglichkeit im allgemeinen wird auch durch andere verwaltungspolitische Maßnahmen erreicht, z. B. wenn Depositenkassenvorstehern, Vorstandsmitgliedern von Kreditgenossenschaften und Aktiengesellschaften die Gewährung von Darlehen über einen bestimmten Höchstbetrag hinaus nur nach vorheriger Zustimmung der übergeordneten Verwaltungsstellen erlaubt wird, oder wenn Banken im Einzelfall den zu gewährenden Kredit nach oben beschränken.

Auch fehlt es nicht an gesetzlichen Beschränkungen des Risikos. Eine solche ist darin zu erblicken, daß für eine Reihe von Instituten sozialen Charakters hinsichtlich der Zusammensetzung des aktiven Vermögens beschränkende oder zwingende Anordnungen getroffen sind; so beispielsweise hat Preußen im Verwaltungswege auf die Anlegung eines Teils der Vermögensbestände der Klein- und Privatbahnen, der kommunalen Pfandbriefämter und der öffentlichen Lebensversicherungsanstalten in Reichs- und Staatspapieren hingewirkt [30]. Anordnungen ähnlichen Zweckes finden sich in der Reichsversicherungsordnung, in einzelnen Landesgesetzen betreffend die Sparkassen u. dgl. Sie sollen die privat- und volkswirtschaftlichen Gefahren der Illiquidität beschränken. Durch das Reichshypothekenbankgesetz (§§ 7, 41, 42) ist der Umlauf an Hypothekenpfandbriefen, Kommunal- und Kleinbahnobligationen nach oben begrenzt. Das Verbot bestimmter Kreditgeschäfte — Zeitgeschäfte in Waren und Wertpapieren, Bürgschaftsübernahme für Erfüllung solcher Geschäfte — für die deutschen Notenbanken ist das wirksamste Mittel, einen vollständigen Ausschluß des Risikos aus solchen Operationen herbeizuführen.

b) Die zeitliche Begrenzung der Verlustmöglichkeit wird insbesondere bei der Bekämpfung des Kreditrisikos erstrebt. Das vereinbarte oder durch Handelsgebräuche festgelegte Zahlungsziel, nach Geschäftszweigen und Abnehmerkreis verschieden lang, soll für die Gläubiger die Kreditfristen und beim offenen Buchkredit die Verfügbarkeit über die kreditierte Summe auf eine bestimmte Zeit beschränken, häufig nur ein platonischer Wunsch, der durch das Verhalten des Schuldners hinfällig wird: einseitige Verlängerung der Kreditfrist durch Überschreitung um einige Wochen, Einsendung schlechter Wechsel oder solcher mit einem über das Zahlungsziel hinausgehenden Verfalltag u. a. m. Der Kampf zwischen Kreditgeber und Kreditnehmer im Warenhandel wird am besten durch eine Organisation der Kreditgeber zu ihren Gunsten entschieden werden können. Die einzel- und sozialwirtschaftlichen Schäden der Kartelle und Verkaufsgemeinschaften mögen in dem vielfach behaupteten Umfang vorhanden sein oder nicht. Daß sie die Kreditmißwirtschaft in einzelnen Branchen beseitigen, Ordnung und Pünktlichkeit schaffen, ist verdienstvoll, obgleich nicht zu leugnen ist, daß die Vorteile einer Organisation des aktiven Kredits eben nur einem Teil der Unternehmungen zugute kommt, daß die wirtschaftliche Lage der nichtorganisierten Gegenpartei um so schwieriger werden muß.

Eine zeitliche Beschränkung der Verlustmöglichkeit wird im Handel durch Bestimmung einer Reklamationsfrist für mangelhafte Beschaffenheit der Ware versucht. Wirksam ist eine solche Bestimmung nur, wenn sie einen Bestandteil des Kaufvertrages bildet. Eine vom Verkäufer nach dem Vertragsabschluß einseitig, z. B. in der Faktura vorgeschriebene Reklamationsfrist bindet den Käufer nicht. Die handelsrechtlichen Vorschriften über die Mängelsrügen (§ 377 HGB.) enthalten die zeitliche Beschränkung für die Abwälzung des Risikos dieser Art. Im übrigen sind die Reklamationsfristen für zahlreiche Handelszweige durch Handelsgebräuche geregelt, die für Käufer und Verkäufer bindend sind.

Eine zeitliche Beschränkung des Risikos der Zahlungs- und Lieferungsunfähigkeit liegt in der Technik des Börsentermingeschäfts. Lieferung und Zahlung von Termineffekten werden bis zum Ende eines Monats kreditiert.

Vorbeugende Maßnahmen.

Unter den vorbeugenden Schutzmaßnahmen speziell vor Abschluß eines Kreditgeschäfts spielen Kreditauskunft[31] und Kreditkontrolle im heutigen Wirtschaftsverkehr eine ganz bedeutende Rolle.

a) Zunächst die nichtorganisierte, unentgeltlich gegebene und verlangte, auf dem Gedanken der Solidarität der gemeinsamen Interessen des Handelsstandes sich gründende private und Gefälligkeitsauskunft durch Geschäftsfreunde. Die Zuverlässigkeit des Urteils und der Auskunft kann ganz wesentlich beeinflußt werden durch Freundschafts- oder Verwandtschaftsverhältnisse, durch politische oder persönliche Feindschaft, durch die geschäftlichen Beziehungen zwischen dem Auskunfterteilenden und dem Angefragten, beispielsweise wenn der eine Gläubiger des andern ist. Besonders gefährlich sind im allgemeinen die Referenzauskünfte, d. h. Krediterkundigungen bei den vom Kreditsuchenden selbst aufgegebenen und zur Auskunft bereiten Firmen. Selbst von der Auskunft der Bankverbindung des Kreditnehmers kann gelegentlich gesagt werden, daß sie nur relativen Wert hat.

Die organisierte Kreditauskunft durch Erwerbsunternehmungen (berufsmäßige Auskunftbeschaffung, Auskunfteien) arbeiten mit Vertrauensmännern, Rechercheuren und Archiven. Sie geben Auskunft auf Grund des Archivs, also auf Grund bereits vorliegenden, demnach älteren Materials, oder nach angestellten Ermittelungen auf Grund besonderer Berichte der Korrespondenten usw. Die Kosten der Auskunft sind verschieden hoch, je nachdem es sich um eine Auskunft innerhalb des Zettel- oder Jahresabonnements oder um Sonderberichte handelt. „Die Preisfrage ist ohne Zweifel eines des wichtigsten Momente für das Auskunftswesen. Bei entsprechenden Gebühren würde es keine leistungsunfähigen

Bureaus und damit keine Klagen über vorkommende Mißbräuche geben, als da sind: Flüchtigkeit in der Beschaffung des Materials, Ausnutzung des Archivs durch Hinausgabe veralteter Auskünfte, Erpressungsversuche....." [32]

Auf andere Formen der organisierten Kreditauskünfte, z. B. das Kartell der Auskunfteien Bürgel, die vereinsmäßig organisierte Auskunftei, z. B. durch die Vereine „Kreditreform", auf die besonders wertvolle branchenmäßig organisierte Krediterkundigung, z. B. des Vereins der Lederhändler, der Verlagsbuchhändler und anderer Vereinigungen von Firmen des gleichen Gewerbes, endlich auf die Auskunft durch Behörden, Handelskammern, Konsulate soll nicht weiter eingegangen werden.

Die Auskünfte bestehen aus zwei Teilen von sehr ungleichem Wert. Der erste, zuverlässige, auf beweisbaren Grundlagen ruhende Teil stützt sich auf Einsichtnahme in öffentliche Bücher und Register, Geschäftsberichte bei Aktiengesellschaften und die eigenen Angaben des Geschäftsinhabers unter Vorlegung der Bücher (Selbstauskunft), endlich auf die Geschäftsverbindung des Auskunfterteilenden mit dem Angefragten (Bankkredit, Warenkredit). Gerade auf die „Selbstauskunft" müßte größerer Wert gelegt werden. Sie müßte für jede Unternehmung, die Kredit in erheblichem Maße in Anspruch nimmt, Pflicht des wohlverstandenen Selbstinteresses sein. Von öffentlichen Büchern und Registern [33] kommen in Betracht: Kataster, Grundbuch, Bahngrundbuch (eingeführt durch preußisches Gesetz betreffend Pfandrechte an Privateisenbahnen und Kleinbahnen), Schiffsregister (Seeschiffahrt, Binnenschiffahrt), Höferolle (in der Provinz Hannover, Braunschweig, Schaumburg), Landgüterrolle (in Westfalen, Brandenburg, Schlesien, Schleswig-Holstein, Kassel), Güterrechtsregister, Handelsregister, Genossenschaftsregister, Offenbarungseidregister. Dazu kommen Konkursveröffentlichungen, Bekanntmachung der Zwangsversteigerungen und die Wechselprotestliste des Zentralverbandes des deutschen Bank- und Bankiergewerbes.

Den zweiten Teil der Kreditauskunft könnte man als den phraseologischen bezeichnen („man sagt", „man meint", „es wird behauptet", „man nimmt an ...."); er gibt Urteile, Meinungen, Gerüchte wieder, deren Grundlagen dem Anfragenden nicht bekannt werden. Insoweit eine erwerbsmäßige Auskunft in Frage kommt, ist die Zuverlässigkeit dieses Teils des Auskunft abhängig von der Zuverlässigkeit, Geschicklichkeit, Unbestechlichkeit, Urteilsfähigkeit des Vertrauensmannes, also von Eigenschaften, die nicht immer in wünschenswertem Maße in einer Person vereinigt sind; endlich auch von der Vergütung für die Beschaffung des Materials und von der Organisation des Erkundigungsdienstes überhaupt.

Das Risiko der Krediterkundigung trägt ausschließlich der Anfragende; die übliche Klausel bei Gelegenheitsauskünften durch Geschäftsfreunde („ohne Verbindlichkeit") sowie die durch Unterschrift anerkannten Bedingungen der erwerbsmäßigen Auskunfteien schließen jeden Ersatzanspruch aus. „Das Risiko für seine wie immer gearteten Entschließungen auf Grund der Auskunft sowie das Risiko, das mit der Verwendung von Vertrauensmännern und Angestellten verknüpft ist, trägt ausschließlich der Anfragende ohne jede Einschränkung. Er entsagt jedem Anspruch auf Ersatz von Nachteilen, die sich auf das Versehen oder Verschulden von Hilfspersonen zurückführen lassen, und verzichtet auf jeden Nachweis der Hilfsquellen des Erkundigungsdienstes." So oder ähnlich lauten die entscheidenden Stellen der Bedingungen.

Eine zweckmäßige Selbstsicherung gegen die Folgen einer unzuverlässigen Auskunft liegt in der Einholung einer Kontrollauskunft oder eines Spezialberichts eines anderen Auskunftsbureaus.

b) Die Einsicht in die Geschäftsbücher des Kreditsuchenden wird als Präventivmaßnahme vornehmlich von Banken angewendet; im Warenkreditverkehr ist sie nicht gebräuchlich. Es würde vom Thema zu weit abführen, wollte man genauer auf die Bilanz- und Bücherprüfung eingehen. Die Wirksamkeit der Bücherprüfung als Kreditschutzmittel ist an das rekonstruktive Talent der Prüfenden geknüpft, d. h. an die Fähigkeit, aus dem Zahlengewirr der Buchaufzeichnungen und Bilanzen gewissermaßen nach rückwärts den Geschäftsverkehr sich vor Augen führen zu können, in verhältnismäßig kurzer Zeit eine Übersicht über die den Kernpunkt bildenden Verhältnisse zu gewinnen: Wie hat der Kreditsuchende gewirtschaftet, wie liegen seine geschäftlichen, insbesondere seine finanziellen Verhältnisse, wie ist die innere und äußere Organisation des Betriebes beschaffen u. a. m.

Rentabilitätssicherung.

Im Anschluß an die Erörterungen über die individuellen Mittel der Risikosicherung sei auf jene Maßnahmen hingewiesen, die man unter den Begriff der Rentabilitätssicherung zusammenfassen kann. Es sind einzelwirtschaftliche Maßnahmen der Privatunternehmungen, die, so verschieden sie auch sein mögen, letzten Endes die Rentabilität der Unternehmung betreffen. Wir wollen die Kunden-, die Gewinn- und die Preissicherung besonders hervorheben.

a) Eine Kundensicherung, d. i. die Sicherung des bisherigen Abnehmerkreises, ist nur jenen Unternehmungen möglich, die wirtschaftlich die Stellung eines Monopolisten einnehmen, z. B. den Inhabern eines lebensfähigen Patents und Monopolfirmen. Unter der Herrschaft des freien Wettbewerbs wird eine absolute Sicherung des Kundenbestandes nicht anders möglich sein, als durch völlige Befriedigung des Kunden hinsichtlich der wichtigsten Bestimmungen des Kaufvertrages (Qualität, Preis, Kreditfrist). Anders im beschränkten Wettbewerb, wo durch vertragliche Bindung mit den Mitbewerbern eine Einigung über die örtliche Verteilung des Kundenkreises (Gebietskartell) erzielt werden kann, wenn also im Anschluß an den Standort der Unternehmung bestimmte Absatzgebiete dieser Unternehmung ausgeliefert werden. Dieselbe Wirkung wird durch sachliche Verteilung der Produktion nach Fabrikategruppen im Wege der vereinbarten Arbeitsteilung unter den Mitbewerbern erzielt. Die örtliche Verteilung der Produktion schließt die Gefahr in sich, daß die Produktivität der Betriebsanlagen mit der Absatzmöglichkeit nicht in Einklang steht; daß bei der Errichtung neuer Unternehmungen die Verteilung Schwierigkeiten macht, überdies die Gefahr der Produktionseinschränkung wegen Beschränkung des Abnehmerkreises. Die sachliche Verteilung bietet der Einzelunternehmung bei rückläufigen Konjunkturen wenig oder gar keine Kompensationsmöglichkeiten, so daß der Konjunkturwechsel die Rentabilität schmälert. Eine zu weit gehende Spezialisierung der Fabrikation ist trotz der produktionstechnischen Vorteile, die eine spezialisierte Massenproduktion mit sich bringt (Qualitätssteigerung, Genauigkeit der Selbstkostenberechnung, Minderung der Kosten, Verwendung von Spezialmaschinen) wegen ihrer Einseitigkeit gefahrvoll.

Wie auf anderen Gebieten, so sind auch auf dem Gebiete der Risikosicherung die Kollektivmaßnahmen der Interessenten für die Einzelwirtschaft wirksamer, aber auch gefährlicher als die individuellen Sicherungsmaßnahmen.

b) Eine Preis- und damit eine Gewinnsicherung zum Zwecke haben jene Kartellformen, die für ihre Mitglieder einheitliche oder Mindestpreise vereinbaren (Preiskartell), oder eine Verteilung der Gesamtproduktion nach der Menge unter Beschränkung auf eine Maximalgesamtproduktion für das Inland festsetzen (Kontingentierungskartell), endlich die Syndikate mit einer zentralen Verkaufsstelle. In allen Fällen werden Preisschwankungen ausgeschaltet, und die Spannung zwischen Selbstkosten und Verkaufspreis nach unten begrenzt. Einfache Preisvereinbarungen unter den Mitbewerbern setzen eine bis zu einem gewissen Grad vorhandene oder doch erreichbare Uniformität der Produkte voraus und, wegen der Vereinbarung eines Mindest- oder Einheitspreises, eine Vereinheitlichung der Methoden der Selbstkostenberechnung. Den Preiskonventionen des. Produzentenhandels sind die Konditionskartelle im Bankgewerbe gleichzustellen.

Durch die Verteilung der Gesamtproduktion eines Wirtschaftsgebietes auf die einzelnen Mitglieder eines Kontingentierungskartells, unter Festsetzung einer Höchstgrenze der Produktionsmengen für den Inlandverkehr, wird zwar eine Stabilisierung der Verkaufspreise erreicht, falls das Kontingent mit dem Bedarf des Inlandes in Übereinstimmung oder darunter und wenn die Zahl der beteiligten Unternehmungen beschränkt bleibt, führt aber leicht zu einer Unterbeschäftigung, d. h. zu einer die Produktionsfähigkeit der Betriebsanlagen nicht voll ausnutzenden Produktionsmenge, für die Einzelunternehmung zu schwankenden Beschäftigungsgraden, falls zwischen Mindest- und Höchstbeschäftigung kein Ausgleich möglich ist. Die Bestimmung der Quote für die einzelnen Werke bietet bei den Erneuerungsverhandlungen die allergrößten Schwierigkeiten (Stahlwerksverband). Die quotale Verteilung der Produktion nach der Größe der Betriebe führt mitunter zu einer Überkapitalisierung, zu unrentablen Fusionen (Kaliindustrie).

Die Mitgliedschaft an einer Verkaufsgemeinschaft mit Zentralstelle bedeutet Aufgabe der Selbständigkeit der Unternehmertätigkeit, soweit der Absatz in Frage kommt, Verzicht auf den persönlichen Verkehr mit den Abnehmern und auf Individualisierung der Kunden, Verzicht auf den Einfluß höherer Qualität der Eigenproduktion auf den Umsatz und Betriebserfolg.

c) Daß es den Unternehmerverbänden — Produzenten und Händlerkartellen bzw. Konventionen — nicht an Zwangsmitteln fehlt, ihr Ziel, eine Kunden- und Preissicherung zu erreichen, ist bekannt. Einige besonders prägnante Auswüchse der „Kartellherrschaft", des „Terrorismus" der Konventionen mögen hier erwähnt werden. Um erwünschte Konkurrenz oder jene der Außenseiter zu beseitigen, verlangen einzelne Verbände für die Aufnahme als Mitglied den Nachweis einer bestimmten Produktionsfähigkeit oder einer bestimmten Absatzmenge, oder lehnen die Aufnahme neuer Mitglieder überhaupt ohne Angabe von Gründen ab. Den Mitgliedern wird aufgegeben, neue Verbindungen nur mit solchen

Firmen einzugehen, die einen vorgeschriebenen Mindestumsatz nachweisen können: eine Monopolisierung des Handels, eine Rückbildung zur Zunft des Mittelalters. Die Produzentenkartelle werden gezwungen, nur an Mitglieder ihrer Gegenorganisation, die Abnehmerkartelle, zu liefern, um dergestalt die Außenseiter in den Ring der eigenen Konvention hineinzuzwängen. Schutzskonto und Treurabatt sind beliebte Zwangsmittel in der Strategie der Kartelle. Beide sind Strafzuschläge für solche Kunden von Konventionsmitgliedern, die nicht ausschließlich mit Verbandsmitgliedern in geschäftlichem Verkehr stehen. Der Treurabatt ist in der Kalkulation des Verkaufspreises berücksichtigt, in der Lieferantenrechnung nicht besonders angegeben und soll nur Abnehmern zugute kommen, die ausschließlich bei Konventionsmitgliedern oder nicht über bestimmte Grenzen hinaus ausländische Waren beziehen. In anderen Fällen wird über Kunden, die die in Frage kommenden Artikel nicht ausschließlich bei den Mitgliedern der Fabrikantenvereinigung bzw. bei den kartellierten Großhändlern kaufen, eine Lieferungs- bzw. Materialsperre verhängt. Er erhält überhaupt keine Ware mehr. Die Kontrolle der Kundschaft geht noch weiter, bis zur völligen Aufhebung der Handelsfreiheit: ausländische Ware von bestimmtem Einkaufspreis darf von den Abnehmern der Konventionsmitglieder erst dann eingekauft werden, wenn der Fabrikantenvereinigung vorher Mitteilung gemacht wurde. Überdies soll ausländische Ware von den der Kondition angeschlossenen Grossisten bezogen werden, die sich verpflichtet haben, bei dem Inlandsverkauf von Auslandswaren einen Mindestnutzen, beispielsweise von 50 %, zu berechnen, um den Import an Auslandswaren durch Verteuerung des Konsums nicht zu groß werden zu lassen.

Diese Blütenlese möge genügen. Nihil novi in mundo. Die Beschränkung der Gewerbe- und Vertragsfreiheit, wie sie durch die Unternehmerverbände mit Erfolg versucht werden, ist ein Charakteristikum der Zunftverfassung des städtischen Gewerbes im Mittelalter, einer Zeit der Raubritter und Romantik. Während des Krieges 1914 hat der preußische Handelsminister lebhaft Klage geführt über das rücksichtslose Vorgehen, insbesondere der Konditionskartelle und Konventionen, die ohne Berücksichtigung der durch den Krieg veranlaßten veränderten Geschäftslage an ihren Abreden streng festhielten, ja sogar durch Einführung sofortiger Barzahlung verschärften; auf die Androhung gesetzgeberischer Maßnahmen, die den Konventionen sicher nicht günstig geworden wären, haben zahlreiche Konventionen den Rückzug angetreten.

In welchem Maße die Unternehmerverbände der Preissicherung dienen, lehrt unter anderm der Preissturz nach Auflösung des Aluminiumsyndikats am 1. Oktober 1908; danach sank der Preis von 3¼ bis 4 M. pro Kilogramm Aluminium im Jahre 1907, auf 1,35 M. Ende des folgenden Jahres.

d) Für die Bestrebungen der Einzelunternehmungen, eine Beteiligung am Gewinn anderer Unternehmungen zu sichern, und die sich anschließenden Veränderungen in der Organisation eines Handelszweiges besonders lehrreich sind die Verhältnisse im Kohlenhandel und der Kohlenreederei. Schon vor Gründung des Kohlensyndikats (1893) waren Kohlenhandel und Schiffahrt verbunden. Auch im Syndikat (einer Vereinigung der Kohlenproduzenten, d. h. der reinen Kohlen- und der Hüttenzechen) hat die Organisation der Kohlenhandelsgesellschaften und Reedereien eine Vertretung im „Kohlenkontor" (Rheinische Kohlenhandels- und Reedereigesellschaft, seit 1904) gefunden. Seit dieser Zeit haben sich Kohlenzechen mehrfach Reedereien angegliedert oder an solchen Firmen sich beteiligt. Die Gründe dafür liegen in der Organisation des Syndikats. Dieses hat nicht nur den Großhandel, sondern auch den Kleinhandel in Kohle, Koks und Brikett organisiert. Es gründete Kohlenhandelsgesellschaften (acht Firmen für bestimmte Verkaufsgebiete in der Form der G. m. b. H. unter finanzieller Beteiligung des Syndikats), denen der Alleinverkauf der Produkte der Syndikatszechen übertragen wurde. Daneben besteht das „Kohlenkontor", eine Vereinigung von 35 Kohlenhandelsfirmen für Verschiffungen über den Rheinhafen. Diese Firmen übernehmen den Kohlenverkauf und die -verschiffungen. Das Syndikat gewährt dem Kohlenkontor Mindestfrachtsätze, die zumeist höher sind als die vom Kontor aufzuwendenden Kosten. Den Mitgliedern des Kontors erwächst somit zweifacher Gewinn, abgesehen von den regelmäßigen Frachteinnahmen aus der Beschäftigung ihrer Schiffe: Gewinn aus der Kapitalbeteiligung am Kontor und Gewinn in der Differenz zwischen Aufwand und Frachtvergütung durch das Syndikat. Die Mitglieder des Syndikats sind aber auch am Gewinn des Kontors beteiligt. Innerhalb des Kontors trat allmählich eine Machtverschiebung ein. Durch Fusionen selbständiger Kohlenreedereien mit reinen Kohlenzechen, die nur auf Verkauf ihrer Produktion angewiesen sind — im Gegensatz zu Hüttenzechen, die einen erheblichen Teil ihrer Produktion selbst verbrauchen —, haben nunmehr die Zechenreedereien die Mehrheit der Beteiligung am Syndikat, die reinen Handels- und Reedereimitglieder des Kontors wurden durch

Kohlenzechen ersetzt. Durch diesen Fusionsprozeß sichern sich die Zechen eine höhere Beteiligung am Syndikat, gleichzeitig aber auch die Gewinnbeteiligung am Kontor und am Syndikat. Der Kampf zwischen den reinen Kohlen- und den Hüttenzechen innerhalb des Syndikats, die Angliederung von Kohlenbergwerken an Hüttenzechen, denen sie Betriebskoks liefern, anderseits die Angliederung von Kohlenhandelsfirmen an reine Zechen hat seine Wurzel in der Preispolitik der reinen Zechen gegenüber den Hüttenzechen, auf die hier nicht eingegangen werden soll.

Das Beispiel des Kohlenhandels zeigt, wie durch einzelwirtschaftliche Maßnahmen Unternehmungen sich eine Beteiligung überhaupt oder eine erhöhte Beteiligung am Gewinn von Unternehmerverbänden zu sichern wissen. Noch sei auf jene Verbände hingewiesen, die innerhalb ihres Mitgliederkreises einen Gewinnausgleich durchführen, etwa durch Garantie einer für jedes Mitglied des Verbandes festgesetzten Mindestmenge des Absatzes und prozentuale Gewinnüberweisung von solchen Betrieben, die bei ihrem Absatz die Mindestmenge überschreiten, an jene Unternehmungen, welche unter ihrer Mindestgrenze geblieben sind.

e) Bestimmte Handelstechniken und Geschäftspraktiken gestatten dem Wirtschaftsleiter, im Einzelfall eine Gewinnsicherung zu versuchen. So sind Zeitgeschäft ein Wechseln auf ausländische Plätze [34], sowie die Lieferungs- und Börsentermingeschäfte in Waren vorzüglich für die Zwecke der Sicherung gegen Valuta- und Preisschwankungen geeignet. Der Fabrikant von Exportwaren kann seine Kalkulationsbasis sichern, wenn er den ungefähren Betrag der zukünftigen Rechnung auf Termine veräußert. Ein Spinner, der Baumwolle kauft, ohne gleichzeitig Garn verkaufen zu können, kann das Risiko durch Sinken der Baumwollpreise, das ihm einen bedeutenden Verlust an seinem Fabrikat bringt, ausgleichen, indem er Baumwolle auf Termin verkauft, um sie später auf dem Terminmarkt zurückzukaufen. Der Gewinn aus dem Terminengagement bei einem etwaigen Sinken des Preises für Terminware ermöglicht ihm, mit dem Garnpreis um die gleiche Differenz herunterzugehen. Die Terminspekulation sichert ihn gegen Verluste seines Fabrikationsgewinnes infolge ungünstiger Bewegung der Baumwollpreise [35]. Eine ähnliche Sicherungstendenz liegt in dem Abschluß von Lieferungsgeschäften in Rohstoffen oder im Abschluß mehrjähriger Lieferungsverträge für Kohle usw. Ganz allgemein gesprochen: Produzenten, die Rohstoffe mit stark schwankenden Preisen zu festen Preisen auf lange Zeit einkaufen müssen und nicht imstande sind, sich durch Verkauf ihrer Fabrikate für diese Zeit gegen den Umschlag der Preiskonjunktur für Rohstoffe zu sichern, laufen unter Umständen ein bedeutendes Risiko. Gegenmaßnahmen sind: Verbindung des effektiven Kaufgeschäfts mit einer Terminspekulation; hier ist das Termingeschäft im wesentlichen ein Hilfs-(Zwischen- und Versicherungs-)geschäft des effektiven Geschäftes zwecks Deckung des zukünftigen Bedarfes zu bestimmten Preisen oder Sicherung der Unterbringung einer Ware, für die ein Bedarf noch nicht besteht. Zweckentsprechende Gliederung der Selbstkostenberechnung [36], die den Materialpreis erst beim Verkaufsabschluß berücksichtigt; Anrechnung eines Teuerungszuschlages auf Katalogpreise; bei leicht entwertbaren Rohstoffen Lagerhaltung in geringeren Mengen; endlich Abschluß von Skalaverträgen und solchen mit der Baisseklausel.

Skalaverträge — wir folgen hier der Denkschrift betreffend Errichtung einer Metallbörse zu Berlin, Älteste der Kaufmannschaft, Berlin 1907 — sind solche langfristigen Verträge über Verkauf auf Lieferung zu künftigen Terminen, in welchen zwar alle übrigen Abschlußbedingungen festgestellt sind, der Preis für die zu liefernde Ware hingegen nicht angegeben, vielmehr von der zukünftigen Preisbewegung bzw. der Marktnotierung abhängig gemacht wird. Es wird beispielsweise eine bestimmte Menge Kupfer von bestimmter Qualität auf einen bestimmten Termin verkauft; der Käufer zahlt den Durchschnittssatz der an der Londoner Börse für den betreffenden Monat notierten Preise, abzüglich oder zuzüglich eines im voraus vereinbarten Betrages. Voraussetzung für die Anwendung solcher Skalaverträge ist, daß die dem Abschluß zugrunde liegende Preisnotierung der wahren Lage des Marktes entspricht, nicht künstlichen Beeinflussungen ausgesetzt werden kann und daß die Qualitätsbasis der Marktpreisnotierungen zutreffend ist. Durch Skalaverträge überträgt der Verkäufer (Produzent oder Händler) die Gefahren starker Preisschwankungen auf den Konsumenten, während beim Abschluß mit festen Preisen für den Verkäufer die Verlustmöglichkeit infolge steigender Preise, d. h. hier entgangener höherer Gewinn, besteht. Sie werden in Zeiten des Preisrückganges und in schwer zu beurteilenden Wirtschaftslagen bevorzugt. In Zeiten steigender Konjunktur werden Händler und Konsumenten Verträge mit festen Preisen vorziehen.

Durch die Baisseklausel in Lieferungsverträgen überwälzt der Käufer das Preisrisiko auf den Lieferanten: Der Kaufvertrag wird zu einem festen Preis abgeschlossen und vereinbart, daß, falls der Marktpreis bis zum Lieferungstermin um einen bestimmten Betrag sinkt, der

Lieferungsvertrag für den niedriger gewordenen Marktpreis gelten soll; eine automatische Preisreduktion, die nur ein wirtschaftlich starker Abnehmer durchdrücken kann.

Kreditbanken bestimmen (einseitig) eine Mindestspannung zwischen Debitoren- und Kreditorenzinsfuß: einen Mindestaufschlag (im allgemeinen 1 %) auf den Reichsbanksatz, eine Untergrenze („nicht unter 5 %") für Debitorenrechnungen, einen Höchstsatz für Kreditorenkonten („nicht über 4 %").

B. Kollektive Abwehrmaßnahmen.

In einer Zeit, in der die Organisation der wirtschaftlichen und geistigen Arbeit einen für den Erfolg der Einzelwirtschaft wichtigen Rentabilitätsfaktor von stets wachsender Bedeutung darstellt, muß die Organisation der gemeinschaftlichen Interessen einen immer größeren Raum sich erobern. So finden wir auch auf dem Gebiete der Risikosicherung einen — durch privatwirtschaftliche Sonderinteressen und das in einzelnen Erwerbszweigen noch wenig entwickelte Solidaritätsgefühl bedingten — langsamen, aber stetig fortschreitenden Zusammenschluß der von den gleichen Gefahren bedrohten Unternehmer zu Interessen- und Schutzgemeinschaften mit dem Ziel, durch gemeinschaftliche Maßnahmen das einzelwirtschaftliche Interesse zu wahren. Hierher gehören jene Formen der Kartelle, welche die Preis-, Kunden- oder die Gewinnsicherung zum Zweck haben, die Verkaufsgemeinschaften (Syndikate), die Konventionen mit ihren kreditsichernden Maßnahmen, die Kreditschutzverbände des gewerblichen Mittelstandes und die Gläubigerschutzverbände, endlich die Vereinigungen des Bankierstandes.

Die verschiedenen Industrieverbände (Konventionen) regeln in ihren Verkaufs- und Lieferungsbedingungen alle Verhältnisse, die mit dem Absatz und mit der Zahlung im Zusammenhang stehen: Zahlungszeit und Zahlungsweise, Abzüge bei Zahlungen, Verzugszinsen, Verpackung, Erfüllungsort, Lieferungsfrist, Ansichts- und Auswahlsendungen, Mustersendungen, Reklamationen, Retouren. Die Verbände schaffen damit eine klare Rechtsgrundlage für den Verkehr mit ihren Abnehmern, regeln, wenn es angängig ist, die Risiken zuungunsten der Gegenkontrahenten. Auch fehlt es nicht an gelegentlichen Versuchen, durch Klauseln, die der eine Kontrahent nach Vertragsabschluß vorschreibt, auf Rechnungen oder

Briefe druckt, die Stellung des Gegenkontrahenten zu seinen eigenen Gunsten zu ändern. (S. 52.)

Die Unternehmerverbände — wirtschaftliche Vereinigungen als Mittel im Kampf um den Absatz, vgl. S. 55 — Konzernbildungen (Interessengemeinschaften im engeren Sinne) und die Verschmelzung von Betrieben zu einer wirtschaftlichen Einheit (Fusion), dann Betriebsgemeinschaften (Trusts) in den verschiedenen Formen beschränken bestimmte Arten der Unternehmungsrisiken, beispielsweise das Risikos der Konjunktur, des Wettbewerbes, der Unrentabilität u. ä. Es liegt nicht im Plan dieser Untersuchung, ausführlich auf die Unternehmerverbände einzugehen. Die sozialwirtschaftliche Literatur hat diese Organisation gemeinwirtschaftlicher Interessen ausreichend behandelt [37].

Die Mittel der Arbeitgeberverbände — Organisationen der Unternehmer im Kampfe gegen die Arbeitnehmer — können hier nur insoweit Erwähnung finden, als sie durch gemeinschaftliche Maßnahmen wirtschaftliche Interessen schützen [38]: Streikklauseln (S. 26), Abgaben bzw. private Zwangsbesteuerung der Rohstofflieferanten an Arbeitgeberkassen als Mittel der Überwälzung des Risikos der Lieferungsfrist und der Kosten (S. 24); Streikentschädigungen der Verbände an ihre Mitglieder, Errichtung selbständiger Streikentschädigungsgesellschaften unter Anschluß an Rückversicherungsgesellschaften als Mittel der Risikoversicherung.

Mit Rücksicht auf die einzelwirtschaftliche Bedeutung sollen die Kreditschutzgemeinschaften näher besprochen werden. Die auf dem Prinzip der Gegenseitigkeit und der Selbsthilfe beruhenden Kreditschutzgemeinschaften haben den Zweck, die Kreditsicherheit durch allgemeine Präventiv- oder durch besondere Schutzmaßnahmen zugunsten des Kreditgebers zu erhöhen, gegen die unvermeidlichen materiellen Verluste, die mit der Kreditgewährung an zahlungsunfähige, böswillige oder unehrliche Schuldner entstehen können, Fürsorge zu treffen. Solche Interessen- und Schutzgemeinschaften können national begrenzt oder international organisiert sein, auf einzelne Erwerbsgruppen (Branchen) des Deutschen Reiches oder einzelne Orte bzw. einzelne Gebiete sich beschränken, endlich für bestimmte geographisch begrenzte Wirtschaftsgebiete ohne Beschränkung auf bestimmte Branchen gebildet werden. Die Verschiedenheit der nationalen Interessen und der wirtschaftlichen Gesetzgebung lassen internationalen Vereinigungen der angegebenen Art nur ein eng begrenztes Betätigungsfeld. Der nach Branchen gegliederte Kreditschutz hat jene Vorzüge und Nachteile, die mit jeder Spezialisierung verbunden sind.

Besonders wirksam ergänzt wird der branchenmäßig organisierte Kreditschutz durch Konventionen, die die Verkaufs- und Zahlungsbedingungen regeln; wünschenswert, weil wirksamer und billiger, ist es, die Schutzgemeinschaft auf komplementäre, d. h. sich ergänzende Erwerbszweige, insbesondere der Industrie zu erstrecken. Die geographisch abgegrenzten Schutzgemeinschaften ohne Beschränkung auf bestimmte Branchen stellen an die Leiter solcher Vereinigungen naturgemäß größere Anforderungen hinsichtlich der Personen- und Sachkenntnis, sind aber, sozialwirtschaftlich betrachtet, wertvoller als die Branchenspezialisierung. Der wirtschaftliche genius loci kommt besser zur Geltung, die Berücksichtigung der Konjunkturschwankungen innerhalb der einzelnen Branchen des Wirtschaftsgebietes bietet eher die Möglichkeit eines Interessenausgleichs.

Die Mittel, die den Kreditschutzvereinigungen zur Erfüllung ihres Zwecks zur Verfügung stehen, sind mannigfacher Art:

1. Ausgabe von Schuldnerlisten (Kreditwarnungs-, schwarze, Suchlisten), d. s. Verzeichnisse jener Personen, die als zahlungsunfähig oder als säumige Zahler von den Mitgliedern der Vereinigung angemeldet wurden und von der zuständigen Stelle, beispielsweise dem Vorstand der Vereinigung, zur Aufnahme in die Listen angenommen werden; auch solche Schuldner, die ohne Angabe ihrer Adresse vom letzten Wohnort „verschwinden", werden aufgezeichnet [1]). Vielfach tauschen lokale Schutzgemeinschaften gleicher Art die Schuldnerlisten gegenseitig aus. Für die Wirksamkeit solcher Listen ist das häufige Erscheinen in regelmäßigen Zwischenräumen von Bedeutung. Die Verantwortung für die Richtigkeit der Angaben, für die erforderliche Verschwiegenheit gegen Nichtmitglieder sowie für unehrenhafte, unredliche Handlungen trägt das Vereinsmitglied. Die Androhung des Ausschlusses aus dem Verein dürfte in solchen Fällen kein absolut sicheres Mittel sein, die Mitglieder von derartigen Handlungen abzuschrecken.

Durch die Aufnahme in die Schuldnerliste wird der Kredit des Genannten schwer gefährdet. Es darf den Mitgliedern nicht leicht gemacht werden, eine Firma auf eine solche Liste zu bringen. Die maßgebenden Stellen müssen die Gründe genau nachprüfen, auch auf die Form, in die die Bekanntmachung gekleidet wird, besonderen Wert legen [2]).

---

[1]) In Königsberg läßt der Vorstand einer Schutzgemeinschaft solche Schuldner vor der Aufnahme ihrer Namen in die Liste durch die am Ort gelesenste Zeitung zur Angabe ihres Aufenthaltsortes auffordern.

[2]) In einem Sonderfall hat das Reichsgericht der Unterlassungsklage des Schuld-

Durch § 915 Abs. 3 der Zivilprozeßordnung und § 107 Abs. 2 der Konkursordnung wurde eine amtliche Schuldnerliste für Personen geschaffen, die den Offenbarungseid geleistet haben oder gegen die wegen Verweigerung des Eides die Haft angeordnet ist, sowie derjenigen Schuldner, bezüglich deren der Antrag auf Eröffnung des Konkurses wegen Nichtvorhandenseins einer den Kosten des Verfahrens entsprechenden Konkursmasse abgewiesen ist. In Hamburg werden die Namen derer, welche den Offenbarungseid geleistet haben, in der Tagespresse bekannt gegeben. Seit Mai 1914 können den amtlichen Handelsvertretungen (Handelskammern, kaufmännischen Korporationen, Landwirtschafts- und Handwerkskammern), aber auch Privatpersonen unter vorheriger Anhörung der Interessenvertretung auf Antrag Abschriften aus dem Schuldnerverzeichnis gegen Erstattung der Kosten erteilt werden, unter Übernahme bestimmter Verpflichtungen (Geheimhaltung, Verbot der Weitergabe, Benutzung zu vertraulichen Auskünften im Einzelfall).

Die Einsichtnahme in die amtliche Schuldnerliste ist jedem gestattet, Vermerke über einzelne Eintragungen anläßlich dieser Einsicht sind zulässig, die Selbstanfertigung der Abschrift kann unter Umständen gestattet werden.

Private und öffentliche Schuldnerlisten sollen die gegen die Kreditfähigkeit einzelner Firmen bzw. Personen sprechenden Tatsachen weiteren Kreisen bekannt machen.

2. Die Gläubigerschutzverbände[39] stellen sich als besondere Aufgabe: Unterstützung der beteiligten Gläubiger bei Zahlungsschwierigkeiten, Zahlungseinstellung und Konkurs, aber auch Schutz der berechtigten Interessen eines notleidenden Schuldners, soweit dies im Interesse der Gläubiger liegt, also besonderer Schutz gegen Ausbeutung durch einzelne Gläubiger. In erster Linie wird eine außergerichtliche Abwicklung oder ein gerichtlicher Zwangsvergleich angestrebt und die Eröffnung des Konkurses nur dann herbeigeführt, wenn es durch das Vorgehen einzelner Gläubiger oder die den Vermögensverfall des Schuldners begleitenden Umstände geboten erscheint.

---

ners (Verbot der weiteren Verbreitung der in der Liste mitgeteilten Behauptung) stattgegeben, weil die Veröffentlichung in eine Form gekleidet war, die den Tatsachen ein anderes Gesicht gegeben hat („die Firma N. in A. löste verschiedene konditionsgemäß gezogene Tratten nicht voll ein, mußte deshalb verklagt werden und zahlte nach Pfändung", obgleich bei einem Umsatz von 32 000 M. es sich um geringfügige Abzüge wegen Mängel der Ware handelte). R.G. II 296/14.

Die Mitglieder der Schutzvereinigung melden bei einer Zahlungseinstellung ihre Beteiligung der Zentralstelle, die im Einverständnis mit dem Schuldner durch geeignete Sachverständige — ehrenamtlich durch Vereinsmitglieder, durch Geschäftsführer des Verbandes, dann durch gerichtliche Sachverständige — die Vermögenslage des Schuldners feststellen läßt, die zur Sicherstellung der Masse erforderlichen Maßnahmen trifft, danach den Gläubigern berichtet und weitere Vorschläge für die Behandlung der Angelegenheit unterbreitet. Die Entscheidung über den Vergleichsvorschlag bleibt den als Gläubigern beteiligten Mitgliedern vorbehalten, nicht dem Geschäftsführer des Verbandes, um die Selbständigkeit und die freiwillige Entschließung der Mitglieder zu sichern. Zahlungsschwierigkeiten, die infolge höherer Gewalt (Tod, dauernde Erkrankung, Elementarschäden, Konjunkturumschlag), oder infolge anderer entschuldbarer Umstände, beispielsweise unvorhergesehener Inanspruchnahme aus einer Bürgschaft herbeigeführt werden, werden milder beurteilt und behandelt, beispielsweise durch Gewährung eines Zahlungsaufschubes, Ermöglichung eines billigen Ausgleichs, Wiederüberlassung eines Warenlagers, Heranziehung des Detailhandels bei der Verwertung des Lagers zwecks Verhütung der Verschleuderung der Masse u. a. m.

Wenn die Leitung der Schutzvereinigung nach Prüfung der Sachlage die außergerichtliche Abwicklung den Gläubigern vorschlägt, sind die Mitglieder verpflichtet, ihre Zustimmung zu geben, wenn bestimmte Bedingungen hinsichtlich der Gesamtsumme der Forderungen der zustimmenden Gläubiger sowie der Ausgleichsprozente erfüllt sind (beispielsweise, wenn die Mehrzahl der dem Verband angehörigen Gläubiger zustimmt, wenn ihre Forderungen mindestens zwei Drittel der Gesamtforderungen betragen, der Ausgleich mindestens 50 % beträgt u. ä.). Häufig wenden sich Schuldner ohne Vermittlung Dritter an die Schutzverbände mit der Erklärung der Zahlungseinstellung und suchen ihre Intervention nach.

Die Durchführung der hier geschilderten Aufgaben der Gläubigerschutzverbände erfordert absolute Unbestechlichkeit und Lauterkeit der Geschäftsführung, überdies ausreichende ehrenamtliche Kontrolle der Geschäftsführer des Verbandes [40].

Die Schutzverbände berufen Gläubigerversammlungen, lassen sich im Falle des Konkurses des Schuldners im Gläubigerausschuß vertreten, stellen, wenn erforderlich, Konkursanträge, auch Strafanträge wegen Konkursvergehen und Betrug, prüfen die Geschäftsführung des Gemeinschuldners, mitunter auf Veranlassung des Konkursverwalters, stellen

Kostenvorschüsse zum Zwecke der Konkurseröffnung. Durch ihr Eingreifen, insbesondere durch gründliche Prüfung der Sachlage durch die Gläubigerschutzvereinigungen wird in vielen Fällen die Vergleichsquote erhöht, häufig auch durch Anfechtung von Geschäften und Forderungen, durch Bestreitung von Absonderungs- und Aussonderungsrechten, wodurch nicht unerhebliche Summen zur Masse zurückgelangen [41].

Um die Gefahr einer zu niedrigen Schätzung der Konkursmasse durch vereidigte Taxatoren zu verhindern, denen die erforderliche Sachkenntnis häufig abgeht, erscheint es notwendig, daß sich die Schutzgemeinschaften spezielle Sachverständige heranziehen, die dem Konkursverwalter eine im Interesse der Gläubiger liegende möglichst vorteilhafte Verwertung der Masse durch sachverständige Taxen erleichtern.

Beim Verkauf des Warenlagers im Konkurs zeigen sich mancherlei Mißstände. Die Warenbestände werden beispielsweise zu sehr billigen Preisen an Familienmitglieder oder an vorgeschobene Personen verkauft oder dem Hauswirt für angeblich rückständige Miete überlassen. Der Erwerb der Warenvorräte verfolgt in solchen Fällen in der Regel den Zweck, den Gemeinschuldner in den Besitz billiger Waren zu setzen, während die Zwangsvergleichsquote durch solche unvorteilhafte Verkäufe unverhältnismäßig niedrig wird und somit die Gläubiger, aber auch die nicht beteiligten Mitbewerber durch ständige „Ausverkäufe" schädigt. Es gibt aber auch Schuldner, die das Warenlager usw. so „verschieben", daß die Eröffnung des Konkurses mangels einer Masse abgelehnt wird. Da der einzelne Gläubiger Bedenken trägt, seine Verluste durch Zahlung eines Kostenvorschusses an das Konkursgericht zu vermehren, eine Verständigung der Gläubiger untereinander an dem Fehlen einer gemeinsamen Meldestelle scheitert, so wird der Zweck des Gemeinschuldners durch seinen Antrag auf Eröffnung des Konkurses erreicht: Abweisung des Antrages.

Zahlreiche Verbände streben eine Beseitigung der Mängel der Konkursordnung an, beispielsweise: daß dem Antrag auf Eröffnung des Konkursverfahrens unter allen Umständen, wie bei den Genossenschaften, stattgegeben werden soll, auch wenn eine entsprechende Masse fehlt; daß schon bei Überschuldung — wie bei den Aktiengesellschaften und juristischen Personen — entsprechende gesetzliche Maßnahmen angeordnet werden; Herbeiführung der gesetzlichen Regelung des gerichtlichen Zwangsvergleichs außerhalb des Konkurses, der nach der geltenden Gesetzgebung nur durch freie Vereinbarung unter den Beteiligten zustande kommen kann. Einige Verbände vertreten ihre Mitglieder bei Prozessen, andere erstreben die Einrichtung von Schieds- und Einigungsämtern zwecks Vermeidung der Prozesse. Überdies haben einige Schutzgemeinschaften neben ihrer Hauptaufgabe die Wahrung wirtschaftlicher Interessen durch Eingreifen gegen unlauteren Wettbewerb in ihren Betätigungskreis aufgenommen (Überwachung der Geschäftsanzeigen in Zeitungen, Androhung des gerichtlichen Vorgehens, Einreichung der Unterlassungsklage und Strafantrag, insbesondere wegen betrügerischer Reklame, wegen unberechtigter Ausverkäufe und Bestechung; vgl. §§ 4, 8, 12, 22 des Wettbewerbsgesetzes).

3. Die Bekämpfung des Borgunwesens in Handwerk und Kleinhandel [42] ist Aufgabe zahlreicher Interessen- und Schutzgemeinschaften bestimmter Handelszweige. Diese Verbände versuchen zunächst eine Besserung der Zustände herbeizuführen, indem sie für ihren Geschäftszweig einheitliche Zahlungsbedingungen aufstellen, einheitliche Rechnungsformulare bzw. Rechnungszettel zum Anheften an die Rechnungen einführen, welche durch einen Vermerk hinweisen, daß einem Beschluß der vereinigten Händler oder Handwerker gemäß alle Zahlungen innerhalb der gegebenen Frist zu begleichen sind und daß für Überschreitung dieser Frist Verzugszinsen in bestimmter Höhe erhoben werden. Die Mitglieder werden angewiesen, die Rechnungen in bestimmten Zeitpunkten zuzustellen. Andere Vereinigungen gehen einen Schritt weiter, organisieren Einziehungsämter auf genossenschaftlicher Grundlage, an welche die Zahlungen zu leisten sind, wenn nicht unmittelbar an die Lieferanten beglichen wird, andernfalls die Forderung an das Einziehungsamt zediert, der Schuldner hiervon verständigt und um Ausgleichung seiner Rechnung gebeten wird. Die Bewilligung von Stundungs- und Ratenzahlungen, Mahnung, Zahlungsbefehl und Klagen sind dann Sache der Inkassostelle.

Endlich gibt es Schutzverbände, deren Inkassotätigkeit nur als ultima ratio gegen säumige Schuldner in Anspruch genommen wird; häufig führen sie Warnungslisten, wie unter 1. erwähnt.

4. Ein anderes Mittel der organisierten Selbsthilfe ist die branchenmäßige Zentralisation der Auskunftserteilung. Um gegen die Unsicherheiten im gewerblichen Auskunftswesen (vgl. S. 53) zu schützen, haben sich Branchenvereine gebildet, die meist in Verbindung mit Mahn- und Inkassoeinrichtungen ihre Mitglieder zur wahrheitsgetreuen nachgeprüften Eigenauskunft veranlassen und das Auskunftswesen im allgemeinen vereinsmäßig organisieren.

5. Ein wichtiges Mittel des organisierten Kreditschutzes ist die Kreditkontrolle, d. i. die Kontrolle der Kreditverteilung im Interesse der

Gläubiger, um zu verhindern, daß ein Schuldner über seine kreditwirtschaftliche Potenz hinaus gleichzeitig bei mehreren Banken oder Lieferanten Geld- und Warenkredit in Anspruch nimmt (vgl. S. 45). Vorbilder für eine solche Zentralorganisation finden wir in Österreich, wo bei der Österreich-Ungarischen Bank eine Kreditkontrolle für das Obligo der Wechseldiskonteure besteht, die zwar zunächst im eigenen Interesse der Bank das Wechselmaterial und die Höhe des Wechselobligos der Einzelfirmen überwacht, aber auch interessierten Kreisen Auskunft gibt. Die österreichische Evidenzzentrale für den Eskompte offener Buchforderungen wacht darüber, daß keine Firma an mehreren Stellen zugleich ihre Buchforderungen verpfändet [43].

Im deutschen Bankwesen scheinen sich bis jetzt unüberwindliche Schwierigkeiten für die Errichtung einer Kreditkontrollzentrale zu ergeben. Über Erwägungen wegen der Organisation einer solchen Zentralstelle im Anschluß an die großen Zusammenbrüche in der Holz- und Lederbranche des Jahres 1909 ist man nicht hinausgekommen. Die wirtschaftlichen Interessengemeinschaften im Bankgewerbe beschränken sich bis heute auf den Zentralverband des deutschen Bank- und Bankiergewerbes (Sitz Berlin), mit der von ihm herausgegebenen Wechselprotestliste, einige lokale Vereinigungen von Banken und Bankiers (die sogenannte Stempelvereinigung, Berlin, die Vereinigung von Banken und Bankhäusern in Rheinland-Westfalen u. ä.), auf die Vereinigung der Privatbankiers, endlich auf das Konditionskartell.

Im Warenhandel und der Industrie bilden die Schuldnerlisten die branchenmäßig organisierte Auskunft verheißungsvolle Anfänge einer Kreditkontrolle auf kollektiver Grundlage.

6. Über die Kreditversicherung siehe S. 30.

C. Gesetzliche Schutzmaßnahmen.

Eine ausführliche Untersuchung, inwieweit privat- und öffentlichrechtliche Gesetzesbestimmungen und Verordnungen die Gefahren für die Einzelunternehmung und für die Vertragskontrahenten mindern, ausschließen oder verschieben, insbesondere die bisher fehlende systematische Darstellung des Kreditschutzrechts zu geben, geht über den Rahmen dieser privatwirtschaftlichen Studie hinaus. Als Illustration der mannigfachen Beziehungen zwischen Recht und Wirtschaftsleben möge der Hinweis auf einzelne Sondergesetze und einige gesetzliche Bestimmungen genügen [44].

Einzelne Sondergesetze schützen das Recht an unkörperlichen Gütern: das Urheberrecht an einem kunstgewerblichen Muster, an einem Gebrauchsmuster, die ausschließliche gewerbsmäßige Verwendung und Ausbeutung einer patentfähigen Idee, das Brief- und Amtsgeheimnis, das Recht an der Firma und an einem Warenzeichen. Die bürgerlich-rechtlichen Bestimmungen über das Recht der Schuldverhältnisse regeln das Recht auf eine bestimmte Leistung im allgemeinen — Geldleistung, Zinsen, Rechenschaftsablegung, Ersatz von Aufwendungen, Schadenersatz, Vertragsstrafe, Zurückhaltungsrecht, Versäumnis, Unmöglichkeit der Leistung —, im besonderen gewisse Typen von Schuldverhältnissen aus gegenseitigen Verträgen (Dienst- und Werkvertrag, Kauf-, Verwahrungs-, Miet-, Pacht-, Gesellschaftsvertrag) und aus einseitigen Verträgen (Darlehne, Schuldversprechen, Schuldanerkenntnis, Bürgschaft, Auftrag) sowie aus einseitigen Rechtsgeschäften (Schuldversprechen auf Inhaber, Anweisung), das Recht an Grundstücken, einschließlich der Hypothek, das Recht an beweglichen Sachen (Eigentum, Besitz, Pfandrecht).

Einzelne Kreditgeschäfte sind genau geregelt. Das Gesetz schützt den Gläubiger und gibt ihm die Mittel an die Hand, seine Ansprüche wirksam zu verteidigen: einzelne Arten der Schuldverhältnisse; die Konkursordnung in ihrer Gesamtheit, insbesondere die Strafbestimmungen über die absichtliche Vergünstigung einzelner Gläubiger oder des Gemeinschuldners; die Wechselordnung, welche die Interessen der Gläubiger solcher Kreditpapiere schützt. Das Depotgesetz regelt die Pflichten der Kaufleute bei der Aufbewahrung fremder Wertpapiere; das Handelsgesetz die Kreditgeschäfte des Seeverkehrs (§§ 679 ff.). Vom Kreditauftrag handeln § 778 BGB. und § 349 HGB. Einen Schutz des Realkredits bezweckt § 1282 BGB. Eine ähnliche Vorschrift der Bestimmungen des Versicherungsvertragsgesetzes (§§ 100 f.) hinsichtlich der Auszahlung der Versicherungssumme an den Realgläubiger wurde durch den auf Vertrag zwischen Versicherungsnehmer, Versicherten und Realgläubiger beruhenden „Hypothekensicherungsschein" in wesentlichen Beziehungen erweitert. Für den Lombardverkehr mit der Reichsbank, mit Privatkreditinstituten und dem Zollfiskus sind seitens der „Vereinigung der in Deutschland arbeitenden Privatsicherungsanstalten" sogenannte Sicherungsscheine in Gebrauch gesetzt worden, wenn diesen Anstalten versicherte Waren verpfändet sind und die Entschädigungssumme im Falle eines Brandschadens von dem die versicherten Waren betroffen werden, verpfändet werden.

Der Kredit an sich, die Fähigkeit, Kredit zu beanspruchen, ist ein Grundpfeiler des Wirtschaftslebens, einer Unternehmung überhaupt. Über die absichtlich und wissentlich falsche Verbreitung, die unwahre Behauptung, die Kreditschädigung enthalten das Gesetz betreffend die Bekämpfung des unlauteren Wettbewerbs (üble Nachrede, verleumderische Kreditschädigung) und das Strafgesetz (§ 187) entsprechende Schutzbestimmungen, die durch jene des § 824 BGB. (z. B. fahrlässige Behauptung der Zahlungsunfähigkeit eines Kaufmanns) ergänzt werden.

Der Kreditbetrug, d. i. Erschwindlung von Waren (die häufig unter ihrem Wert weiter verkauft werden), Einkauf über seine Mittel hinaus, Betrieb eines Geschäfts auf Kosten seiner Gläubiger (Schlittenfahrer, schwarze Banden) wird nach § 263 StrGB. bestraft, die wucherische Ausbeutung nach den §§ 138, 812, 823 BGB. behandelt. Die Verleitung zu Börsenspekulationen wird nach § 94 des Börsengesetzes unter Strafe gestellt.

Ein weiterer Kreditschutz liegt endlich in den Vorschriften über die Verjährung (§ 196 BGB.), sowie deren Unterbrechung durch Anerkennung der Ansprüche des Gläubigers, beispielsweise durch Abschlags- oder Zinsenzahlung, Sicherheitsleistung, Zustellung eines Zahlungsbefehles, Konkurseröffnung.

III. Abschnitt.

Die sozialwirtschaftliche Bedeutung der Unternehmungsrisiken.

Die sozialwirtschaftliche Bedeutung und der Einfluß der Unternehmungsrisiken lassen sich mit voller Sicherheit überhaupt nicht feststellen. Einige Anhaltspunkte gibt die Statistik. 1. Zunächst ist festzustellen, wie sich die zahlenmäßig erfaßbaren Kosten für Versicherungen — mit besonderer Berücksichtigung der Privat- und hier der Sachversicherung — auf die einzelnen Erwerbsgruppen verteilen. Eine solche Statistik der Versicherungsprämien nach Erwerbsgruppen gibt es nicht. Einigen Aufschluß geben die vom Aufsichtsamt für Privatversicherung herausgebene Versicherungs-Statistik (Verlag Guttentag, Berlin) und das „Jahrbuch der öffentlichen Feuerversicherungsanstalten" (Merseburg).

2. Dann wäre zu untersuchen, wie sich die Konkurse im deutschen Wirtschaftsgebiet geographisch, auf die einzelnen Unternehmungszweige (Erwerbsgruppen) und auf die einzelnen Unternehmungsformen verteilen. Dabei macht sich die Unvollkommenheit der amtlichen Konkursstatistik mißlich bemerkbar [1]): Es läßt sich die Zahl der angemeldeten und durchgeführten Konkurse ermitteln, die Höhe der angemeldeten Forderungen, soweit dem Konkursantrag stattgegeben wurde, nicht aber die Verluste durch Ausfälle und Zwangsvergleich. Auch nicht die Ursachen der Konkurse (beispielsweise mangelhafte Geschäftsführung, geschäftliche Unkenntnis, Untreue, Überkapitalisierung, Konjunkturschwankungen, allzu starke Ausdehnung durch Filialenbildung, Mißverhältnis zwischen Anlage- und Betriebskredit). Auch ist die Höhe der Forderungen in jenen Fällen nicht ersichtlich, wo der Konkursantrag mangels genügender Masse abgewiesen wurde. Auch jene Fälle werden statistisch nicht erfaßt, in denen die Gläubiger zwecks Vermeidung allzu großer Verluste als letzte Hilfe die Umwandlung der Unternehmungsform beispielsweise in eine G. m. b. H. vollziehen, ihre Kapitalforderungen in Kapitalbeteiligungen umwandeln.

3. Endlich ist die Aktienstatistik [45] und jene der G. m. b. H. heranzuziehen, um zu ermitteln, auf welche Erwerbsgruppen Unternehmungen mit Unterbilanz entfallen, wie hoch die Jahresverluste dieser Unternehmungen sind und wie sie sich zusammensetzen. Die absolute Richtigkeit dieser statistischen Zahlen angenommen, würde ihre Zusammenstellung einen Einblick in die Intensität der Unternehmungsrisiken der Erwerbsgruppen geben, ohne deren Ursachen zu erklären und ohne über die einzelnen Bestandteile des Unternehmungsrisikos genügend Klarheit zu geben. Immerhin gibt die Aktienstatistik einige Anhaltspunkte für die Beurteilung des Kapitalrisikos: die Höhe der Abschreibungen, die Rücklagen für bestimmte Risiken, das Verhältnis zwischen Anlage- und Betriebskapital. Man wird feststellen können, daß die Risiken für Realkredite verhältnismäßig geringer sind als für Personalkredite; daß das Absatzrisiko für Unternehmungen besonders groß ist, die auf Vorrat produzieren und mit der Konsumtion der Zukunft rechnen müssen (Kaufkraft der Bevölkerung, allgemeine Wirtschaftslage, Wettbewerb). Dann ließe

[1]) Sie erschien erstmals 1893 in den Vierteljahrsheften zur Statistik des Deutschen Reichs III S. 67 f.; über das Verfahren bei der Erhebung vgl. ebenda 1896 IV S. 132 f.; kritisch haben sich zur Konkursstatistik geäußert: Hesse in Conrads Jahrbüchern 3. Folge 35. Bd., Gerlach ebenda 1890.

sich der Einfluß des Risikos auf die Kursbildung der Aktien, auf die Zahl und Häufigkeit der Unternehmungen in einer Erwerbsgruppe, auf Kapitalbildung nach Art und Größe u. ä. feststellen. Ob die aufgewandte Arbeit dem Erfolg einer solchen Untersuchung sozialwirtschaftlichen Inhalts entsprechen würde, mag dahingestellt bleiben.

Bisher wurde nur von den Gefahren der Unternehmung gesprochen, die ihr bei der Betätigung des Erwerbes drohen, von den einzelwirtschaftlichen und den kollektiven Abwehrmitteln und dem gesetzlichen Schutz gegen die Unternehmungsrisiken. Bei dieser Betrachtungsweise wurde der privatwirtschaftliche subjektive Unternehmerstandpunkt gewahrt, d. h. letzten Endes stets die Rentabilität der einzelwirtschaftlichen Unternehmung ins Auge gefaßt. Nun führt die Betätigung der Absicht, Gewinn zu erzielen, die privatwirtschaftliche Erwerbstätigkeit häufig zu einer Kollision mit den Interessen der Gemeinwirtschaft. Was privatwirtschaftlich rentabel ist, kann, von einer Vielheit von Unternehmungen angewendet, sozialwirtschaftlich schädlich werden. Solche sozialwirtschaftlich unerfreulichen Ausstrahlungen der Unternehmertätigkeit — die unten angeführten Beispiele gesetzgeberischer Maßnahmen veranschaulichen, was wir meinen — müssen im Interesse der Allgemeinheit bekämpft werden; insoweit kann man von einer sozialwirtschaftlichen Gefahr der Erwerbswirtschaften sprechen. Auch insofern einzelne Unternehmungsrisiken in ihren Wirkungen die Sozialwirtschaft bedrohen, muß Vorsorge getroffen werden, ihnen zu begegnen. In dieser einzelwirtschaftlichen Untersuchung muß eine Skizzierung der möglichen Maßnahmen genügen.

1. Am wirksamsten scheint eine gesetzliche Regelung zu sein, obgleich man von der deutschen wirtschaftlichen Gesetzgebung des letzten Jahrzehnts nicht immer sagen kann, daß sie in ihren Erfolgen glücklich gewesen ist. Dies hängt, abgesehen von einem überschnellen Arbeitstempo des Gesetzgebers, zum Teil damit zusammen, daß die Vielgestaltigkeit erwerbswirtschaftlicher Betätigung sich nicht leicht in das Prokrustesbett gesetzlicher Vorschriften und Verbote zwängen läßt, zum Teil mit der Findigkeit der Unternehmer, die Lücken des Gesetzes in ihrem privatwirtschaftlichen Interesse auszunutzen oder neue Geschäftsformen zu schaffen, die durch das Gesetz nicht betroffen werden (z. B. Ersatzformen des verbotenen Börsentermingeschäfts vor 1908; Schaffung von Orderpapieren mit Blanko-Indossement an Stelle der Inhaberpapiere).

Der Gesetzgeber hat die Macht, einzelne Betätigungsformen des Erwerbes gänzlich zu verbieten: z. B. Verbot der Börsentermingeschäfte in Getreide und Müllereiprodukten. Oder er versucht, Kautelen zur Sicherung der Einzelinteressen gegen die Nachteile bestimmter Formen der Erwerbstätigkeit zu schaffen; z. B.: Abzahlungsgeschäfte, einzelne Bestimmungen des Wettbewerbgesetzes, das Gesetz über die Sicherung der Bauforderungen, das Versicherungsvertrags-, Schuldverschreibungs-, Depotgesetz, das Börsengesetz u. v. a. Hier wird der Schutz der Allgemeinheit durch Schutz des einzelnen erreicht. Oder es werden Gesetze geschaffen, welche die Gesamttätigkeit einer Unternehmungsgruppe im Interesse der Allgemeinheit präventiv regeln: Versicherungs-, Hypothekenbank-, Notenbank-, Sparkassengesetz. In Verbindung damit werden staatliche Zentral-Aufsichtsbehörden errichtet (z. B. Aufsichtsamt für Privatversicherung), oder den Unternehmungen Delegierte des Staates als Aufsichtsorgan beigegeben (Treuhänder, Staatskommissare).

2. Wo die Kraft des Gesetzgebers aus irgendeinem Grunde versagt oder die gesetzliche Regelung nicht wünschenswert erscheint, wird man versuchen können, sozialwirtschaftliche Schädigungen durch wirtschaftliche Maßnahmen geeigneter Stellen, d. h. der durch ihre Stellung in der Gesamtwirtschaft dazu befähigten und berufenen Stellen zu beschränken. Die Gefahr der Illiquidität der deutschen Kreditbanken wurde etwa seit 1909 durch die Reichsbank — die Hüterin gemeinwirtschaftlicher Interessen auf dem Gebiete des bankmäßig organisierten Geld- und Kreditverkehrs — bekämpft (Erhöhung der Mindestgiroguthaben, Veröffentlichung von Zwischenbilanzen, Beschränkung der Börsenspekulation, Lombardverteuerung am Quartalsende usw.).

Anhang.

Bedingungen für die Delcredere-Versicherung (Seite 33).

a) Für Wechselforderungen:

1. Bedingung der Verbindlichkeit für den Garanten ist:
   α) daß die Delcredere-Deckung seitens des Auftraggebers „bona fide" erfolgt, ihm also keine nachteiligen Mitteilungen vorliegen oder bekannt geworden sind, welche die Kreditfähigkeit der Bezogenen beeinträchtigen würden;
   β) daß der Wechselforderung eine Warenlieferung zugrunde liegt, und daß die Verfalldaten die ursprünglichen, vereinbarten sind, mithin keine Prolongation einer bereits fällig gewesenen Zahlung in Frage kommt. Jede falsche Angabe, Täuschung oder Verschweigung zum Nachteil des Garanten gibt diesem das Recht, von seiner Haftung und deren Folgen zurückzutreten und die Provision als verfallen zu erklären.
2. Die Angabe von „Circa"-Beträgen rechtfertigt eine Andienung von 10 Proz. über oder unter der angegebenen Summe.
3. Andienungs- oder Ausstellungsfristen, sofern solche bei erst auszustellenden Wechseln festgelegt sind, erfordern eine genaue Innehaltung gemäß der Schlußnote. Prompt heißt „innerhalb 10 Tagen".
   Wird ein Wechsel später ausgestellt oder angedient als vorgesehen, so erhöht sich der Provisionssatz nach Verhältnis der Zeit, sofern die Garanten nicht überhaupt ablehnen, eine Ausdehnung des Engagements zu genehmigen, welches Recht für sie ausdrücklich als vereinbart gilt.
4. Die Haftung der Garanten beginnt:
   a) nach entsprechender Andienung der Einzelheiten der Wechsel;
   b) nach der Bestätigung, daß es sich um ordnungsmäßig akzeptierte Wechsel handelt, und
   c) nach Zahlung der Provision.
5. Die Haftung der Garanten erstreckt sich nur auf den Betrag der Wechsel, nicht auf Kosten und Zinsen.
6. Dieser Abschluß verpflichtet die Auftraggeber in jedem Falle zur Zahlung der vereinbarten Provision, auch wenn wider Erwarten aus Gründen, auf welche der Garant keinen Einfluß hat, die beabsichtigte Andienung nicht erfolgen sollte.

b) Für Buchforderungen:

1. Etwaige Überschreitungen der festgelegten Fristen haben eine Erhöhung des Provisionssatzes nach Verhältnis der Zeit zur Folge, sofern die Garanten nicht überhaupt ablehnen, eine Ausdehnung des Engagements zu genehmigen, welches Recht für sie ausdrücklich als vereinbart gilt.
2. Die Haftung der Garanten beginnt:
   a) nach entsprechender Aufgabe der Einzelheiten (Betrag und Verfall), eventuell durch Einlieferung einer Fakturen-Kopie;
   b) nach Zahlung der Provision.

   Die Haftung erstreckt sich bei Buchforderungen auf die Solvenz der schuldnerischen Firma während der umgrenzten Garantiedauer. Für einen evtl. Anspruch an die Garanten ist somit die offizielle Zahlungseinstellung innerhalb der Garantiezeit maßgebend. Mit dem Ablauf des vereinbarten Ziels bzw. der darüber hinaus festgelegten Respittage erlischt die Garantie der Garanten von selbst.
3. Im übrigen gelten die Bedingungen für Wechselforderungen unter a 1. α u. β, 2., 3. (1. Absatz) und 6.

Hamburg, den ....

Delcredere-Schlußnote.

Nr. ......

für Herrn........................... in ....

als Auftraggeber.

Mit den nachstehenden Garanten ist heute durch unsere Vermittlung folgendes Delcredere auf Grund der gedruckten allgemeinen Bedingungen abgeschlossen worden:

Garanten: für je 50 %: { N .... in O ....
P .... in H ....

Wechselaussteller: Sie selbst.

Bezogene Firma: X in......................Y

Wechselbetrag:

Sicht oder Verfall: { ca. M. 4000 per Ende Oktober 1917
ca. M. 4000 „ „ November 1917
ca. M. 4000 „ „ Dezember 1917
Bereits ausgestellt bzw. prompt auszustellen und anzudienen.

Besondere Bedingungen:

Delcredere-Provision: 1½ % für den Oktober-Posten,
2 % für den Nov.- und Dez.-Posten.

Diskontierung: Durch die Garanten findet nicht statt.

Unsere Courtage: ./.

gez. ....

Literaturverzeichnis.

1. Leitner, Die private Versicherung im Dienste des Kaufmanns, Leipzig 1901, S. 1 f.
2. Eine eingehendere Systematik bringt Nicklisch, Allgemeine kaufmännische Betriebslehre als Privatwirtschaftslehre des Handels und der Industrie, Bd. 1, S. 161 f. Leipzig 1912.
3. Philippovich, Grundriß der politischen Ökonomie, 1. Bd., Tübingen 1906, S. 196.
4. Über die Mängel der Ertragsbilanz Leitner, Grundriß der Buchhaltung und Bilanzkunde, 1. Bd. (2. Aufl. Berlin 1913) S. 97 f.; 2. Bd. (2. Aufl. Berlin 1914) S. 107 f.
5. Schäffle, Das gesellschaftliche System der menschlichen Wirtschaft, 3. Aufl., 2. Bd., Tübingen 1873, S. 57 f.
6. Leitner, Grundriß, 2. Bd., S. 230 f.
7. Ebenda S. 166 f.
8. Wagner, Theoretische Sozialökonomik, 1. Abt., Leipzig 1907, S. 318 f. Anderer Meinung Liefmann, Die Lehre von der Unternehmung (in Die private Unternehmung und ihre Betätigungsformen, herausgeg. von Hoeninger usw., 1. Heft, Mannheim 1914, S. 95).
9. Pohle, Unternehmierstand, Dresden 1910.
10. Wagner, a. a. O. S. 318.
11. Leitner, Selbstkostenberechnung industrieller Betriebe, 4. Aufl., Frankfurt a. M. 1913, S. 168, 185.
12. Wegen der hier eingeführten Unterscheidung zwischen Unternehmer- und Unternehmungskapital vgl. Leitner, Grundriß, 2. Bd., S. 75, 80, 128.
13. Liefmann, Die Unternehmungsformen, Stuttgart 1912 (wirtschaftlich); Heilfron, Lehrbuch des Handelsrechts, 1. Bd., 2. Aufl., Berlin 1912 (S. 296 f.).
14. Frankfurter Ztg. vom 10. Januar 1913.
15. Vgl. dazu Manes, Versicherungslexikon. Tübingen 1909 und 1913: „Versicherung" Begriff. In volkswirtschaftlicher Hinsicht liegt in der Versicherung die Verteilung eines zukünftigen, ungewissen und zufällig eintretenden Bedarfes auf eine Mehrheit von Personen. Die Versicherung ist entweder kapitalersetzend (Sachversicherung) oder kapitalansammelnd (Lebensversicherung).
16. Über Einzelheiten vgl. Manes, Versicherungslexikon.
17. Domizlaff, Die Feuerversicherung, Berlin 1914, S. 104 f.
18. Jahresbericht des Kaiserl. Aufsichtsamtes für Privatversicherung 1911. 'Bedin-

gungen des Deutschen Kreditversicherungsverbandes auf Gegenseitigkeit, Stuttgart (seit 1911) und der Vers.-Aktien-Ges. Globus in Hamburg. Theoretisch: Molt, Kreditversicherung, Berlin 1905. Liebig, Beiträge und Vorschläge zum Problem der Kv., Berlin 1905. Herzfelder, Das Problem der Kv., Leipzig 1904.

19. Über das Kreditleihgeschäft und die Garantieübernahme vgl. Leitner, Das Bankgeschäft und seine Technik, 3. Aufl., Frankfurt a. M. 1912, S. 431 f. Über Liquidationskassen Sonndorfer-Ottel, Technik des Welthandels, 4. Aufl., Wien 1912, 1. Bd., S. 63.

20. Krisenenquete des Vereins für Sozialpolitik (Störungen im deutschen Wirtschaftsleben während der Jahre 1900 f. 6. Bd., Leipzig 1903). Rießer, Die deutschen Großbanken, 4. Aufl., Jena 1912.

21. Nach Laughlin, Aus dem amerikanischen Wirtschaftsleben, S. 117, darf in Nordamerika der einem Unternehmen eingeräumte Kredit ein Zehntel des Aktienkapitals nicht überschreiten. Eine ähnliche Bestimmung gilt in Rußland (Kreditschutzgesetz 10, Teil II, Art. 23); zitiert nach Lerch, Abschreibungen, Reserve- und Dividendenpolitik der deutschen Banken, 1. Teil, Diss. Halle 1912.

22. Wegen der schwierigen Technik der Umwandlungen vgl. Fürst, Prämien-, Stellage- und Nochgeschäfte, Berlin 1908. Toepke, desgleichen, Berlin 1892.

23. Göppert, Über das Termingeschäft in Wertpapieren, Berlin 1914, S. 50.

24. Die Technik der Lombardgeschäfte der Banken und Börsen ausführlicher bei Leitner, Bankgeschäft, S. 115 f., 336, 350 f.

25. Vgl. S. 34 und Leitner, Bankgeschäft, S. 692.

26. Vgl. Leitner, Bankgeschäft, oder andere Lehrbücher.

27. Boenheim, Die Sicherungsübereignung eines Warenlagers mit wechselndem Bestande; Diss. Jena 1911 (mit Quellenangaben); Hoeniger, Die Sicherungsübereignung von Warenlagern, 2. Aufl., Mannheim 1912. Linkelmann im Archiv f. bürgerliches Recht, Bd. 7, S. 231 f.

28. Hellwig, Gläubigernot, Sicherungsübereignungen und andere Schiebungen. Berlin 1912.

29. Fürst, op. cit. (siehe Anm. 22).

30. Leitner, Grundriß, 2. Bd., S. 106.

31. Sutro, Die kaufm. Kreditérkundigung, in Schmollers Forschungen, 1902. Rohé, Das kaufm. Auskunftswesen, in den Annalen des Deutschen Reiches, 1901. Kommerzielles Auskunftswesen im modernen Verkehr. Gutachten der Handels- und Gewerbekammer in Wien 1901. Königsberger, Die berufliche Auskunftserteilung. . . . Stuttgart 1907.

32. Gutachten (31) S. 20.

33. Wehrhan, Die privatrechtliche Bedeutung der öffentlichen Bücher und Register. Diss. Heidelberg 1911.

34. Erich im Bank-Archiv 1913.

35. Göppert, a. a. O. S. 20 f.

36. Leitner, Selbstkostenberechnung, S. 70.

37. Liefmann, Die Unternehmerverbände, Freiburg i. Br. 1897. Tschierschky, Kartell und Trust, Leipzig 1911 (Literaturangaben S. 183—195). Marquardt, Die Interessengemeinschaften, Berlin 1910.

38. Keßler, Die jüngste Entwicklung der Arbeitgeberverbände, in Brauns Annalen f. soziale Politik u. Gesetzgebung, 2. Bd., S. 382 f., Berlin 1912.
39. Schnauffer, Die Gläubigerschutzverbände; Diss. Leipzig 1911. Kreditschutz in Handel und Gewerbe; Frankfurt a. M. 1902. Jung, Das Borgunwesen.... Düsseldorf 1909. Der Manufakturist, Jahrgang 1908 f. Die Textilwoche, Jahrgang 1909 f. Satzungen und Prospekte verschiedener Gläubigerschutzverbände.
40. Vgl. Manufakturist Juli 1909: Fall Gottschalk. Er zeigt, daß berufsmäßige Gläubigerausschußmitglieder existieren, die vom Gläubiger und Gemeinschuldner Vergütungen annehmen, hohe Verwandtschaftsforderungen vertreten und dadurch die Mehrheit im Gläubigerausschuß an sich reißen, nicht die allgemeinen, sondern die Interessen des Gemeinschuldners vertreten. Auch ist an die Akkordstörer zu erinnern, welche das Zustandekommen eines für die Mitglieder vorteilhaften Ausgleiches verhindern. Über andere fraudulose Vorgänge vgl. den Konfektionär 1908/09.
41. Über die Wirksamkeit einzelner Gläubigerschutzverbände vgl. die regelmäßig erscheinenden Veröffentlichungen des Gläubigerschutzverbandes der Textilindustrie, über dessen Organisation die Textilwoche 1909.
42. Jung, a. a. O. Pape, Der gewerbliche Kredit, Königsberg i. P. 1905. Oexmann, Barzahlung und Kreditverkehr in Handel und Gewerbe im rheinisch-westfälischen Industriebezirk (Münchener volksw. Studien, 78. Stück, 1906).
43. Somary, Schaffung einer Kreditzentrale, im Bankarchiv, 1911, S. 183 f. Leitner, Bankgeschäft, S. 11 f.
44. Eltzbacher, Einführung in das deutsche bürgerliche Recht. Berlin 1910.
45. Über die Schwierigkeit vgl. Moll, Die Rentabilität der Aktiengesellschaften, Jena 1908. Derselbe, Das Problem einer amtlichen Statistik der deutschen Aktiengesellschaften, Jena 1908.

Kolibri 360 GmbH
Ferdinand-Jühlke-Straße 7
99095 Erfurt, Deutschland
produktsicherheit@kolibri360.de